スコットランド常識学派からプラグマティズムへ

英米思想史と哲学史の再構築

青木裕子
大谷　弘　編著

晃洋書房

スコットランド常識学派からプラグマティズムへ　英米思想史と哲学史の再構築◎目次

序　章

英語圏の豊かな哲学史・思想史の解明に向けて

近代の英語圏の哲学と聞くと、フランシス・ベーコンを起点とし、ロック、バークリ、ヒュームと展開されるイギリス経験論をその代表とするというのが、よくあるイメージであろう。ここに政治哲学における社会契約説と倫理学における功利主義、そしてエピソード的に古典的プラグマティズムを追加すれば近代の英語圏の哲学史の記述は完成するかのようなのである。

しかし、専門の研究者の間ではこのようなイメージに対して様々な修正が提起されている。ロック、バークリ、ヒュームを直線的に結びつける単純なイギリス経験論の捉え方への批判、メアリ・アステル（一六六六―一七三一）やメアリ・ウルストンクラフト（一七五九―一七九七）といった女性哲学者の貢献の検討、倫理学における直観主義の伝統の再検討などなど、より多様で豊かな思想の空間として近代の英語圏を描き出そうとする試みは数多い。(1)本書もまた近代の英語圏の哲学史、思想史のより豊かなイメージを提供することを目指している。本書が注目す

(1) 直線的なイギリス経験論観への古典的な批判としては Norton (1981) がある。メアリ・アステル、メアリ・ウルストンクラフトの紹介を含む女性解放思想に関する先駆的な研究としては水田（一九七九）を見よ。ただし、アステルの扱いはそれほど大きくない。なお、本書第一章を担当した菅谷基によるアステルの『婦人たちへの真剣な提案』の翻訳がある（アステル 二〇二四）。倫理学における直観主義と功利主義の対立の検討は児玉（二〇一〇）を見よ。

るのは、「常識重視」の哲学、思想である。「常識」と言うと、哲学が疑い、克服すべき対象であり、とりわけヒュームの懐疑論的思考へと至る近代イギリスの哲学の中ではポジティブな意義をもちえないと思われるかもしれない。しかし、イギリス経験論の代表人物の一人とされるバークリは自身の立場を常識と親和的なものだと繰り返し主張しているし（cf. 山川 二〇一八、野村 二〇二〇）、トマス・リード（一七一〇―一七九六）に始まるスコットランド常識学派においては「常識」「コモン・センス」は哲学において欠くことのできない要素である。英語圏の哲学、思想には常識を重視する潮流が確かに存在しているのである。[2]

具体的には、本書ではスコットランド常識学派およびそのイギリス、アメリカ両国における展開を検討する。スコットランド常識学派は、リード以降、イギリスにおいては一つの学派として一九世紀まで発展を続けており、またアメリカでは大学教育に導入され知識人たちの思想を形成するとともに、パース、ジェイムズらのプラグマティズムに影響を与えている。本書はこのスコットランド常識学派からプラグマティズムへと至る展開を様々に検討し、よくあるイメージに尽くされない豊かな英語圏の近代哲学史、思想史の解明に貢献することを目指すものである。

各章の紹介に移ろう。第一章で菅谷基はイギリスにおける「センスス・コムニス（共通感覚）」概念の歴史をたどる。菅谷は近世イギリスの古典学研究がシャフツベリに流れ込み、そこで練り上げられた「共通感覚」論がハチスン、リード、ビーティ、ステュワートにより論じられた様子を明らかにしている。「常識の哲学が「共通感覚」という思想の広がりの中の隣人として共感の哲学を意識する場面があった（本書二九頁）」というその結論はスコットランド常識学派の研究に新たな視座を与えるものであろう。

第二章では、野村智清がロック言語論への異なる反応としてバークリとリードの言語論を比較している。野村によると、ヴェール説的表象主義を基盤とするロックの言語論に代わるものとしてバークリとリードは常識に訴えつつ言語論を構想する。すなわち、バークリは観念説の枠にとどまりつつも、情緒や行為を促すという言語の働きに注目し、観念の表示に尽きない言語の役割の存在を主張し、他方リードは観念説を全面的に拒否し、常識に基盤をおく社会的な言語使用について論じているというのである。

第三章において小畑敦嗣はリードの常識に関する複数の解釈を検討し、リードの常識は直観的判断能力とその能力により判断を下された命題――常識の原理――という二つの側面から捉えられるとする。そのうえで、小畑はリードのヒューム批判、そして日本では紹介の進んでいないリードの道徳論の解説を与えている。

第四章で大谷弘は一九世紀のスコットランド常識学派の哲学者、ウィリアム・ハミルトンの「自然な実在論」を検討する。ハミルトンと言うと、今日では「J・S・ミルの『ウィリアム・ハミルトン卿の哲学の検討』によって論駁された直観主義者」というイメージでしかないが、ハミルトンは一九世紀においてカントをはじめとするドイツ哲学を参照しつつスコットランド常識学派の哲学に興味深い展開をもたらした哲学者なのである。

第五章で青木裕子はニュージャージー大学（現プリンストン大学）の学長を務め、アメリカにスコットランド常識学派（コモン・センス哲学）を広めたジョン・ウィザースプーンの思想と活動を論じる。青木によると、ウィザースプーンにとってコモン・センス哲学とは、キリスト教の信仰を擁護する長老派の哲学であり、アメリカをキリスト教共和国とすることを目指すウィザースプーンの活動と親和的だったのである。

第六章もまたアメリカにおけるキリスト教思想――英語圏の近代哲学史についてのよくあるイメージでは無視されている要素――に注目する。石川敬史は植民地時代からジョン・デューイに至るアメリカの思想史を検討し、そこで常にキリスト教信仰と啓蒙思想が矛盾なく併存していたとする。そして、信仰と啓蒙に関わる様々な要素がプ

（2）そして、「ヒュームの懐疑論的思考」もまた検討の対象となりうる（cf. 澤田 二〇一一）。

ラグマティズムという哲学へと収斂するという理解を提示する。石川によると、プラグマティズムは「アメリカ的スコラ哲学」であり、近代ヨーロッパへのオルタナティブとして中世ヨーロッパの延長線上に捉えられるべき哲学なのである。

第五章と第六章が思想史的アプローチにより常識学派とアメリカの哲学の関係を検討したのに対して、第七章で乗立雄輝は哲学的な分析によりその関係を吟味する。乗立が扱うのはチャールズ・パースの批判的常識主義である。パースはスコットランド常識学派から影響を受けつつもそれを独自の仕方で発展させ、反懐疑論と可謬主義を両立させる立場を模索する。乗立はパースが常識をあいまいなものとして捉えている点に注目し、パース常識論においては、科学的仮説へと発展させられるべき基盤としての性格を、常識はむしろそのあいまいさにより保持しているとする。

第八章は古典的プラグマティストであるウィリアム・ジェイムズと信念の倫理の問題を論じる。イギリスの数学者ウィリアム・クリフォードが論文「信念の倫理」において、厳密な証拠主義的立場から証拠に基づかない信念を持つことが不道徳だと論じたのに対して、ジェイムズは「信ずる意志」において信念には常に根拠が要求されるわけではないと反論している。一ノ瀬正樹はこの論争をとり上げ、両者の対立を「宇宙視線」と「人生視線」へのウェイトの置き方の違いとして整理する。興味深いことに、一ノ瀬によると、プラグマティストのジェイムズの方が宇宙視線――「宇宙的な規模を基準にして［……］確実性を持って言える認識的内容というのは人間の知性の限界を超えたものであること、そうした事情をあぶり出すようなものの見方（本書二〇九頁）」――を主要な導き手とした思考を展開しているという。このようないわば超越的なものへの視線をジェイムズ哲学に見てとる解釈は、アメリカ思想における信仰と啓蒙の併存を強調する第五章と第六章の考察にも関わりうるものであろう。

本書の編者、青木と大谷は二〇二〇年にも編者として『「常識」によって新たな世界は切り拓けるか――コモン・センスの哲学と思想史』を出版している。常識重視の哲学、思想の可能性を解明するというテーマはこの二冊の本に共通であるが、前著では常識重視の哲学、思想のサンプルを幅広く収集することを目指し、フランクリン、カント、ハイデガー、ウィトゲンシュタインといった必ずしも「常識」をキーワードとしているとは言えない思想家、哲学者の検討も行った。これに対して本書では哲学史的、思想史的関心を絞り、スコットランド常識学派の英米両国における展開を具体的な影響関係を視野に入れつつ吟味することを目指した。関心を持つ読者には本書の関連書として前著も手に取っていただければ幸いである。

（大谷　弘）

文献表

Norton, D. (1981) "The myth of 'British empiricism'," *History of European Ideas*, 1 (4): 331–344.

アステル、メアリ（二〇二四）『婦人たちへの真剣な提案』菅谷基（訳）、菅谷出版。

児玉聡（二〇一〇）『功利と直観――英米倫理思想史入門』勁草書房。

澤田和範（二〇二一）『ヒュームの自然主義と懐疑主義――統合的解釈の試み』勁草書房。

野村智清（二〇二〇）「知識と常識という方法――アイルランドにおける一系譜」青木裕子・大谷弘（編著）『「常識」によって新たな世界は切り拓けるか――コモン・センスの哲学と思想史』晃洋書房、二九―五二頁。

水田珠枝（一九七九）『女性解放思想史』筑摩書房。

山川仁（二〇一八）『孤独なバークリ――非物質論と常識』ナカニシヤ出版。

第Ｉ部　スコットランド常識学派

第一章
もう一つの「共通感覚」の歴史
――センスス・コムニスの倫理的用法と近世イギリス哲学

はじめに

一七六五年、フランス啓蒙思想を担った哲学者ヴォルテール（Voltaire, François-Marie Arouet, 1694–1778）は、『哲学辞典』の増補版に加えられた「常識」という項目の中で、古代の「共通感覚」の用法に言及している。

ローマ人の「共通感覚」（sensus communis）という言葉は、「常識」（sens commun）だけを指すものではなかった。この言葉には「人間愛」（humanité）や「思いやり」（sensibilité）という意味もあった。私たちはローマ人に及ばない。私たちがこの言葉で言い表しているものもまた、ローマ人が言い表していたものの半分でしかない。（Voltaire 1765：291 邦訳書二七四）

この三年後の一七六八年、ドイツ通俗哲学を担った哲学者フェーダー（Johann Georg Heinrich Feder, 1740–1821）は、『内的感覚論』というラテン語著作の中で、古代の「共通感覚」の用法を次のように説明している。

この古代の「共通感覚」は少し広いものであり、別の種類の内的感覚にも及ぶものである。すなわち、この名前は、人が他の人々の作法と欲求に快く順応するときの精神的特徴も指している。（Feder 1768：28）

ヴォルテールとフェーダーの発言に共通するのは、古代ローマの「共通感覚」（sensus communis）という言葉には独自の倫理的な用法があったという認識である。この認識は現代にも共有されており、たとえば『オックスフォード・ラテン語辞典』第二版（二〇一二年）は「共通感覚」に「（言動などの導きとなるような）同じ共同体にいる他人への思いやり」を指す用法を認めている（Glare ed. 2012：406；Cf. Lewis 1981：146–147）。

本章は、本書の共通テーマの言語的背景について一つの見通しを与えることを目的として、この「共通感覚」の倫理的な用法が近世イギリス哲学の文脈に受容された歴史を論じるものである。ただし、この歴史は少し複雑であるため、本章の議論を理解しやすくするための手引きとして、先にこの用法の概要を示しておきたい（以下、この用法を「倫理的用法」と表記する）。

第一に、最も基本的な意味から述べると、「共通感覚」の倫理的用法とは、他人の事情への配慮という一つの社会的な徳を指す用法である。第二に、この「共通感覚」という徳を別の視点から言い表した同義語としては、「礼儀正しさ」（civilitas）や「節度」（modestas）、「人間愛」（humanitas）といった単語が挙げられる。第三に、この「共通感覚」が他人の事情として配慮するものには、その人の心情や利益、自由、権利、尊厳など様々なものがある。第四に、この「共通感覚」の表れとみなされる言動は、自分の事情を控えめに扱う自制的な性格と、他人の事情を重視する利他的な性格を併せ持っている。第五に、この「共通感覚」という「感覚」（sensus）は、他人に対する適切な言動の規則を理解して適用する「判断力」（judicium）として評価されるものであるとともに、他人の事情を尊重しようとする「感情」（affectus）として評価されるものでもあり、その評価の境界はしばしば曖昧である。最後に、日本語訳について述べると、本章ではこの倫理的用法と他の用法の関係を論点とするために「共通感覚」という単純な訳語を採用しているが、この倫理的用法の「センスス・コムニス」は、本来ならば「共同の心」といった日本語に翻訳されるべきものである。

以上の点を踏まえて、本章では四つの節を通して、この「共通感覚」の倫理的用法が近世イギリス哲学の文脈へと受容された歴史を論じていく。第一節では、この用法を理解する上で重要な古代ローマ文学の用例をいくつか検討する。第二節では、近世イギリス哲学によるこの用法の受容に深い影響を与えた近世古典学の研究を紹介する。第三節では、この用法を近世イギリス哲学の文脈に紹介したシャフツベリの議論を分析する。最後の第四節では、シャフツベリを通してこの用法を受容した哲学者たちの議論を検討する。

第一節　「共通感覚《センスス・コムニス》」——古代ローマ文学における倫理的用法

「共通感覚」という言葉は古代ローマの様々な作家によって様々な意味で用いられている。さらに、その中には複数の用法で解釈できるような解釈の幅を許す用例も少なくない。本節では、この点に注意しながら、「共通感覚」の倫理的用法を考える上で重要な例として、ホラティウス、セネカ、ユウェナリスの用例を検討していく。

第一に、前一世紀の黄金時代を代表する詩人ホラティウス（Quintus Horatius Flaccus, 65–8 BCE）の重要な用例は、『風刺詩』第一巻（前三五年）の第三歌六六行の例である。この詩は他人の欠点に対する寛容を説いた詩であり、「共通感覚」という言葉は、人々が他人の欠点を非難する場面で用いる一般的な表現として登場する。

マエケナス、私もよく君にしたがることだが、

素直な人がいて、その人が本を読む人や
考え事をする人を雑談で煩わせることがあると、
私たちは「迷惑だ。共通感覚が全然ない」と言う。(1.3.63–66)

この一節は、他人に話しかけてよい状況をわきまえていない素直な人(simplicior)が迷惑な人(molestus)として非難される様子を語っている。ここに登場する「共通感覚が全然ない」という表現は解釈の幅を許す例であり、他人に対する言動という点を強調せずに「常識がない」という意味や「分別がない」という意味で読むこともできるが、この点を強調することで「配慮がない」という倫理的用法の例としても解釈できる。

第二に、後一世紀から二世紀にかけての白銀時代を代表するストア派の哲学者セネカ(Lucius Annaeus Seneca, 4 BCE–65 CE)の重要な用例は、『倫理書簡集』(後六〇年代)の第五書簡第二十節の例である。この書簡は世間における哲学者の生活を主題とし、民衆に迎合した生活でも民衆から逸脱した生活でもない、民衆の模範となる生活を奨励する書簡である。そして、「共通感覚」という言葉は、セネカが哲学の本来の方針を述べる場面に登場する。

哲学が第一に公言するものは、共通感覚、人間性〔または人間愛〕、連合です。人びとから乖離することは、
私たちをこの宣言から切り離してしまうでしょう。称賛を獲得したいという望みから、人びとから笑われたり
嫌われたりするような手段に頼ることがないように、私たちも注意することにしましょう。(5.20)

ここでセネカは、哲学者としての名誉を追求するために民衆から遠ざかろうとする言動が、哲学の「第一」に掲げるものとしての「共通感覚」から離れるものであることを指摘している(Cf. Erasmus 1922: 16, 1129–130)。ここでセネカが述べているのは、哲学者は常識や良識を知るべきだということではない。なぜなら、セネカの批判対象は、

民衆に迎合しない人物として称賛されることを目指して、意図的に常識や良識から逸脱しようとする種類の哲学者だからである。すなわち、この種類の哲学者は、常識や良識といった民衆が共有しているものを軽視しているか、あるいは、哲学者という存在と対比して民衆そのものを軽視していると言える。したがって、この哲学が掲げるものとしての「共通感覚」という表現は解釈の幅を許す表現であり、人々に通用する感覚としての常識や良識を指すものとして理解できるとともに、人々を尊重する感覚としての友好的または共同的な感情を指す倫理的用法の例としても理解できる（Cf. 88.30）。

最後に、白銀時代を代表する風刺詩人ユウェナリス（Decimus Junius Juvenalis, c. 60–c. 130）の『風刺詩』第八歌（後一二〇年頃）には、後世における倫理的用法の受容の典拠とされた重要な「共通感覚」の用例が登場する。この詩は真実の高貴さを主題とした詩であり、ユウェナリスは高貴さの本質は貴族の血筋ではなく、当人の美徳と功績にあると説いている。そして、「共通感覚」の用例は、庶民を見下す青年貴族に対する批判の直後に登場する。

> さて、あの青年にはこれで十分だ。うわさによれば、
> 彼は高慢で横柄な上に、ネロとの血縁のことで頭が一杯らしい。
> あの幸運な生まれの人々が共通感覚を身につけていることは
> まれにしかない。（8.71–74）

ここでユウェナリスは、庶民を見下す青年貴族を批判した上で、大抵の貴族には「共通感覚」がないと述べている。この発言は解釈の幅を許すものであり、普通の礼儀を欠いているという点を強調して「貴族には常識がない」という意味や「貴族には分別がない」という意味で読めるだけでなく、他人への敬意を欠いているという点を強調

して「貴族には配慮がない」という倫理的用法の例として考えることもできる(1)。

以上の三つの用例の検討から分かるように、古代ローマの倫理的用法とは、解釈の幅を許す様々な用例を積極的に解釈することで取り出されるものである。このような解釈の幅が生じる背景には、意味の説明や同義の言葉が十分に併記されていないという用例上の事情だけでなく、他人に配慮した言動そのものが広義の常識や良識の一部でもあるという実践上の事情もあるだろう。さて、近世イギリス哲学における「共通感覚」の受容の特徴は、その用例のうちにはっきりと倫理的用法の存在を認めている点にある。そして、意外なことに、この受容の特徴に深い影響を与えたのは、一七世紀に行われたマルクス・アウレリウスに関する古典学的研究なのである。

第二節　「共同的配慮《コイノノエーモシュネー》」――近世ヨーロッパ古典学のマルクス・アウレリウス研究

マルクス・アウレリウス（Marcus Aurelius, 121–180）はストア派のローマ皇帝であり、特にギリシア語で書かれた手記である『自省録』（後二世紀後半）の著者として知られている。この著作には、「共通感覚」の倫理的用法の受容の歴史において大きな役割を果たした言葉が登場する。それは、第一巻第一六節で用いられる「共同的配慮」（κοινονοημοσύνη）という言葉である。この言葉はこの箇所にしか用例がない言葉であり、マルクスは自身が養父ピウス（Antoninus Pius, 86–161）から学んだある態度を表現するためにこの言葉を用いている。そして、この言葉の意味についての議論が一七世紀に蓄積される過程で、「共同的配慮」は他人の事情に対する配慮を意味する言葉であり、ユウェナリスの「共通感覚」はその同義語であるという解釈が確立されることになる。この論理で「共通感覚」の倫理的用法を認める見解は後にシャフツベリに引き継がれることになるが、その見解そのものは言わばマルクス・アウレリウス研究の副産物だったのである。本節では、一七世紀のマルクス・アウレリウス研究における「共同的配慮」の解釈を紹介し、この言葉と「共通感覚」を同義語とみなす伝統が成立する過程を確認する。

第一に、マルクスはピウスから学んだ態度の一つを「共同的配慮」と呼び、その態度を次のように描いている。

> 共同的配慮、そしていかなる時でも友人たちが彼と食事を共にしないことや旅に随行しないことを許したこと、そして何らかの必要のために後に残された人たちがいつも変わらない彼を見つけたこと。(1.16.2)

この「共同的配慮」(κοινονημοσύνη) という言葉は、「共通」や「共同」を意味する「コイノス」(κοινός) と「知性」や「思考」を意味する「ヌース」(νοῦς) からなる抽象名詞である。ただし、この言葉が指す態度の具体例として挙げられているのは、ピウスが会食への参加や遠征への随行を強制しなかったことと、遠征に随行しなかった人間を冷遇しなかったことである。したがって、この「共同的配慮」という言葉は、他人を尊重する態度を指す言葉であり、「共通の知性」(κοινὸς νοῦς) を指す言葉ではない (Cf. エピクテトス 二〇二一：四七)。この点について、例えばドイツの古典学者クシランダー (Wilhelm Xylander, 1532–1576) は、『自省録』のラテン語訳 (一五五八年) の中で「共同的配慮」を「全ての思考を公益に向けていたこと」と訳している (Marcus Aurelius 1558: 7)。

「共同的配慮」を「共通感覚」と結びつける解釈が蓄積されるきっかけを作った人物は、スイス出身の古典学者

(1) この「共通感覚」を常識や分別という意味で読む解釈は、白銀期の寓話作家パエドルス (Phaedrus, c. 15 BCE–50 CE) の『イソップ風寓話集』(後一世紀) の第一巻第七話の「共通感覚」の用例に通じている (1.7.4)。一方で、この「共通感覚」を倫理的用法に従って読む解釈は、この「共通感覚」を第十五歌 (一二七年頃) の「感覚」と重ねる解釈に通じている。「最も優しい心を人類に与えたことを告白するように、自然は人類に涙を授けた。これは私たちの感覚の最良の要素である。[……] たとえばケレスの祭司が目指しているような人間、つまり、善良で聖火を持つにふさわしい人間が果たして、様々な不幸を他人事だと思うだろうか。[……] 私たちは天の高みから授けられた感覚を受け継いだ。これは頭を下げて地面を見ている生き物にはないものである。」(15.131–147)

イザク・カゾボン（Isaac Casaubon, 1559–1614. 以下「イザク」と表記）である。イザクはユグノーの古典学者であり、アンリ四世の時代にはフランスで活動したが、アンリ四世の暗殺後には息子のメリクを連れてイングランドへ移住している。イザクによる「共同的配慮」の解釈は、後四世紀頃の伝記集『ローマ皇帝群像』の注解書（一六〇三年）に登場する。『皇帝群像』にはマルクスの伝記も収録されており、その第二九節には、マルクスが「友人たちを普段の交わりや会食から遠ざけた」という証言が記録されている（4.29.7）。イザクはこの点について注解を設け、マルクスが会食に消極的であったというこの証言内容が『自省録』の「共同的配慮」の具体例と重なっていることを指摘している（Casaubon 1603：175）。その上で、イザクはマルクスの「共同的配慮」の意味を次のように説明している。

　マルクスがこの名前で呼んだものは、礼儀正しさ（civilitas）であり、それによって人が他の市民たちと共通の法で評価されることを穏やかな心で受け入れるようになる美徳である。（Casaubon 1603: 175）

イザクの解釈によれば、他人を軽蔑して会食を軽んじていたドミティアヌス帝（Domitianus, 51–96 CE）とは異なり、マルクスが会食に消極的であったのは友人たちを自分と対等な人間として尊重していたからであり、その態度は友人たちを会食の「煩わしさ」（molestia）から解放しようとする「共同的配慮」の表れだったのである（Casaubon 1603: 175）。このイザクの注解は「共通感覚」に言及するものではないが、「共同的配慮」を倫理的な語彙として説明するとともに、次のサルマシウスの注解に題材と方向性を与えた点で重要な注解である。

　フランスの古典学者サルマシウス（Claudius Salmasius, 1588–1653）は、青年時代にイザクと交流のあった人物であり、一六二〇年にはイザクによる『皇帝群像』の注解書に自身の注解を追加した増補版を刊行している。サルマシウスは先のイザクと同じ箇所に注解を設け、「共同的配慮」の意味についてさらに詳しく論じている。

> 彼〔マルクス〕は、言うなれば、共同のものをある程度配慮し、全てを自分の便宜に帰することをせず、そして自分の周りの人々に対する尊重を持ち、自分自身については慎ましく控えめに感じるような、人間の慎ましくて節度のある習慣的な普通の心を「共同的配慮」（κοινονοημοσύνη）とふさわしく呼んでいる。反対に、驕り高ぶった人々はみな、自分を単に自分自身と自分の便宜のためだけに生まれてきたものと考え、自分と比べて他の人々を軽視したり無視したりする。こうした人々は、共通感覚を持っていない、と言われて然るべき人々である。というのも、ユウェナリスは「共通感覚」を、マルクスが「共同的配慮」〔という言葉〕を受け取るのと全く同じ意味で受け取っているのである。（Salmasius 1620：100）

サルマシウスの注解は、イザクの解釈の方向性を引き継ぎながら、自他を公平に尊重する謙虚さと自分だけを重視する傲慢さという倫理的な二項対立を明確に示した点で重要である。しかしそれ以上に、この注解は、このうちの前者を指す言葉としてマルクスの「共同的配慮」とユウェナリスの「共通感覚」を並べることで、ユウェナリスの「共通感覚」を倫理的用法の例として解釈する見解を提出した点できわめて重要な注解である。

イザクとサルマシウスの注解を引き継いだ次の世代の古典学者として挙げられるのは、イザクの息子のメリク・カゾボン（Meric Casaubon, 1599-1671. 以下「メリク」と表記）である。メリクはイングランドで古典学の道に進み、『自省録』の最初の英訳版（一六三四年）を完成した人物である。メリクはこの英訳版の中で、「共同的配慮」を「普通の人として、他の人々の事情に節度ある仕方で寄り添ったこと」と訳している（Marcus 1634：8）。また、メリクは一六四三年にクシランダー訳の『自省録』を編纂し、自身の注解を加えて刊行している。メリクは『自省録』の「共同的配慮」が登場する箇所に注解を設けており、その中で先に引用したクシランダーのラテン語訳とサルマシウスの注解を好意的に評価した上で、「共同的配慮」という言葉が当時の一般的なギリシア語表現であった可能性を指摘し、ユウェナリスはこの表現を念頭に置いた上で「共通感覚」という言葉を用いたのではないかという推測を述べている（Meric 1643: 19–20）。この注解はサルマシウスの見解を引き継ぐとともに、「共同的配慮」と「共通感覚」を直接の翻訳関係にある言葉として解釈した重要な例である。

最後に、近世イングランドを代表する古典学者の一人であるガテイカー（Thomas Gataker, 1574–1654）は、メリクと同時期に『自省録』の研究に取り組み、この時代を代表する『自省録』の注解つきラテン語訳（一六五二年）を著した人物である。ガテイカーは「共同的配慮」を「礼儀正しく振る舞った」と訳した上で、この単語について古今の文献からの多数の引用を収録した注解を設けている（Marcus Aurelius 1652: 5）。ガテイカーはこの注解を通して、（一）古来より自己中心的な人々の多さが嘆かれてきたことと、共同体を配慮する態度が希少な徳として称賛されてきたことを指摘し、（二）イザクとサルマシウスの注解を紹介した上で、「共同的配慮」と「共通感覚」が同義語であるという見解を支持し、（三）最後にローマ皇帝たちの「礼儀正しさ」（civilitas）に関する様々な証言を列挙している（Gataker 1652: 31–32）。ガテイカーの翻訳と注解は、メリクの注解と同様にサルマシウスの注解を引き継いで「共通感覚」の倫理的用法を認めるとともに、この「共同的配慮」と「共通感覚」が「礼儀正しさ」の同義語でもあるという見解を示す点で重要である。

以上の古典学の蓄積から分かるのは、一七世紀のマルクス研究を通して、「共同的配慮」は自他を平等に尊重する礼儀正しさを指す倫理的な語彙であるという見解が確立されるとともに、この「共同的配慮」がユウェナリスの「共通感覚」と同義語であるという解釈の伝統が形作られたということである。そして、イザク、サルマシウス、メリク、ガテイカーの四名の議論を参照しながらユウェナリスの「共通感覚」を論じ、近世イギリス哲学にこの言葉の倫理的用法を紹介した人物がシャフツベリである。

第三節　「共同的精神《パブリック・スピリット》」——第三代シャフツベリ伯爵の対話論と道徳論

イングランドの哲学者であるシャフツベリ（The third Earl of Shaftesbury, Anthony Ashley Cooper, 1671–1713）は、『共通感覚論——機知とユーモアの自由についての随筆』（一七〇九年）を発表し、後世の哲学者たちに倫理的用法の存在を広めた人物である。この著作はラテン語の「共通感覚」（*Sensus Communis*）を書名に掲げた著作であり、文学的登場人物としての「私」が「あなた」に書いた書簡という体裁を取っている。この著作は、共同的精神としての「センスス・コムニス」と共通の判断としての「コモン・センス」の両方を主題とした著作であり、この両者は道徳論と対話論という二つの領域で統合されている。本節では、この著作の共通感覚論を分析することで、古代ローマの倫理的用法がどのような議論を通して近世イギリス哲学に紹介されたのかを明らかにする。

シャフツベリによる古代ローマの倫理的用法から述べると、シャフツベリは『共通感覚論』の第三部第一節でユウェナリスの第八歌を取り上げ、その用例を倫理的用法に従って次のように解釈している。

> ローマのかの有名な風刺詩人〔ユウェナリス〕が貴族と宮廷について語ったときも、その風刺は月並みな風刺以上のものでした。この詩人は、貴族と宮廷を品性と良識の基準とは認めず、ある意味ではその反対のものだとみなしたのです。
>
> 実際、共通感覚は全く稀なものだ
> あのように幸運な境遇にあっては。

> さて、一部のきわめて聡明な注解者たちは、この一節について一般に理解されているものとは全く異なった解釈を示しています。その注解者たちは、ギリシア語の派生的表現に依拠しつつ、この詩人の言う「共通感覚」を次のような意味を表すものとしています。すなわち、共同体の福祉や共通の利益に対する感覚、共同体あるいは社会への愛、自然な情愛、人間愛、厚意、あるいは人類の共通の諸権利や同じ種族の者同士の自然的な平等性に対する正しい感覚から生じる類の礼儀正しさです。（Shaftesbury 2001：64–66）

シャフツベリがユウェナリスの「共通感覚」として理解しているものは、他人に対する人間愛（Humanity）、共同体全体への愛情、自他の共通の利益や平等な権利に対する感覚、そしてそうした感情や感覚を反映した礼儀正しさ（Civility）といった様々な要素からなる一つの社会的な徳であり、別の個所の表現を借りるなら、これに対応する英語表現は「共同的精神」（publick Spirit）である（Shaftesbury 2001：67）。加えて、シャフツベリはこの一節に脚注を設け、その中で先の古典学者たちの注解を紹介し、「共同的配慮」と「共通感覚」を同義の倫理的な語彙として論じた上で、この倫理的用法の存在が「なぜ『共通感覚論』（*Sensus Communis*）というラテン語の書名が与えられたのか」を明らかにするものであると語っている（Shaftesbury 2001：67）。以上から、シャフツベリは一七世紀の古典学者たちの見解を踏まえた上で、「共通感覚」（sensus communis）と「共同的配慮」（κοινονοημοσύνη）を「共同的精神」（publick Spirit）という意味の同義語として理解し、これを『共通感覚論』の書名に掲げたと言える。

　この共同的精神としてのセンスス・コムニスは、他の人々との議論の場面に適用されることで、その議論の合理性を支えるものとなる。『共通感覚論』が「機知とユーモアの自由」という論点を副題に掲げているように、シャフツベリはこの著作を通して、笑いを交えた自由な批判的討論を擁護している。シャフツベリによれば、笑いは真面目な気分を解くことで意見を吟味しやすくするという意味で、理性が物事を見るための「光」や「媒体」として機能する（Shaftesbury 2001：40）。加えて、相手を傷つけない意図が分かっている礼節ある笑いは、討論の場面をより楽しいものに変える。このことは、理性的討論を繰り返す意欲を刺激することで、人々の理性が鍛えられる要因を作り出す（Shaftesbury 2001：44-45）。さて、この笑いを交えた自由な討論における共同的精神の役割とは、討論に他の人々に配慮する節度を与えることである。シャフツベリは、笑われる用意や批判される用意のない人を笑いものにすることを人間愛に反する行いとして退け、率直な笑いは討論を目的として集まった友人同士の間で使用されるべきだと述べる（Shaftesbury 2001：49）。一方で、討論に加わった人々については、「交代することは語り合いの鉄則であり、人間が強く望むものです」と述べ、意見を提出する自由や意見を批判する自由を発言の機会の交代という形で分け合うことを求めている（Shaftesbury 2001：45）。そして、シャフツベリはこの自由な討論を支持する上で、二つの態度を退けている。一つ目の態度は、自分の意見に執着する「熱情家」（Zealots）の態度である。熱情家とは、自分の意見を真面目な真理として盲信し、その意見に対する「畏敬と畏怖」を他人に刷り込もうとするとともに、権力や実力による意見の押しつけすらも暗に望んでいるような独善性の主体である（Shaftesbury 2001：39-40, 42-45）。一方で、もう一つの態度は、議論の意図があるのではなく、意見を笑いものにして快楽を得ること自体を目的とした人間の態度であり、「全てのものの中から笑われて当然のものを探す」のではなく、「全てのものを笑いの種にする方法を探す」態度である（Shaftesbury 2001：80）。この両方の態度は、真面目さの心情や不真面目さの心情に関して自制を失った態度であるとともに、その結果として自由な討論を望む相手の利益や感情を損なう節度のない態度であり、まさに共同的精神としてのセンスス・コムニスを欠いた態度だと言える。

　シャフツベリはこのように笑いを交えた自由な討論を擁護する一方で、この自由な討論が二つの相反する特徴を併せ持っていることを指摘する。一つは、自由な討論には、意見の提出と批判が常に「共通感覚」（Common Sense）という「法廷」の「判決」を求める「訴え」として行われるという積極的な意図があることである。もう一つは、それにもかかわらず、自由な討論には、「共通感覚」の発見の連続というよりは、様々な意見が「共通感覚」という基準から却下される事態の連続であるという消極的な現実があることである。

あなたも覚えていると思いますが、私たちは長い時間を道徳と宗教の話題に費やして楽しく過ごしました。［……］事あるごとに誰も彼もが「共通感覚」に訴える自由を使いました。誰もがその論法を許容し、その試験を喜んで受けました。誰もが「共通感覚が自分の議論を正当化してくれるだろう」と確信していたのです。しかし、論点が追加され、思想が引き留められて検討されても、判決が下されることはありませんでした。それでも、参加者たちは相変わらず前向きに、次の機会が到来するたびにその論法を繰り返していました。この法廷の権威に疑義を唱えようとする人はいませんでしたが、ついに一人の紳士が口を開きました。［……］彼はとても真面目な口調で、「共通感覚とは何のことなのか教えてほしい」と仲間たちに頼んだのです。（Shaftesbury 2001 : 50）

この「共通感覚」とは討論の当事者たちが真理を承認する基準とみなす共通の判断のことである。ここでシャフツベリが問題にするのは、自由な討論を通して一向に明らかにならない「共通感覚」とは何であるのか、という点である。この問いに対する答えとして第一に想定されるものは、「共通感覚」は「人類全体」あるいは「人類の大多数」の「意見や判断」であるという答えである（Shaftesbury 2001 : 50）。しかし、この想定に対しては重大な反論が存在する。それは、「ある人びとの感覚に合うものも、別の人びとの感覚には反する」という判断の相対性に基づく反論である（Shaftesbury 2001 : 50）。人々の感覚の間には時代や地域、集団ごとの相違があるという事実は、現実の「共通感覚」が「真理」の権利上の基準であるというよりもある集団内部の事実上の合意にすぎないという可能性を示唆している。シャフツベリがこの点を踏まえて取り組むのは、普遍的に合意されうる確実な判断として、人間の自然本性の事実に訴える判断を提示することである。

シャフツベリがこのような「共通感覚」を探す領域として選ぶのは道徳論であり、シャフツベリは『共通感覚論』の議論を通して、共同体の善を目指す行為には道徳的な価値があるという判断が確実なものであると主張している。シャフツベリはそのような行為を幸福のために退けたエピクロス（Epicurus, 341–270 BCE）の立場や、そもそも共同体の善を志向する自然的感情の存在について懐疑的であったホッブズ（Thomas Hobbes, 1588–1679）の立場、そして全ての行為は自分の行為であるから利己的であるという通俗的な利己主義の立場を紹介した上で、共同体の善を目指す行為は巧妙な思弁に関係なく「共通感覚」（Common Sense）によって道徳的に是認されることを端的な事実として強調する（Shaftesbury 2001：72–80）。ここでシャフツベリは、共同体の善を目指す行為を是認する自然的な判断の経験に訴えることで、共同性に対する優位を自己中心性に認める様々な議論を常識的な判断に反するものとして退けている。言い換えると、ここでシャフツベリは、共通の道徳判断に訴えることで道徳についての常識的な判断を回復させようとしているのであり、たとえば「共通感覚に踏みとどまり、それ以上進まないことが最善の道なのです」という発言もその両方の判断を指すものとして解釈できる（Shaftesbury 2001：83；Henke 2014：47–48；Redekop 2020：73；Cf. Bentham 1907：17）。したがって、共同的精神としてのセンスス・コムニスとの関係を考えるならば、この道徳論は人間の自然的な共同性を是認する自然的な道徳判断を強調することで、共同的精神の基礎となる人間本性に関するコモン・センスを擁護したものとして理解できる。したがって、道徳論の文脈において、共通判断としてのコモン・センスと共同的精神としてのセンスス・コムニスは、前者が後者の実在を保証するという形で統合されていると言える（Billig 2008：106）。

一方で、『共通感覚論』の重要な特徴は、こうした道徳論そのものが対話の事例として展開されていることにある。すなわち、シャフツベリは自身の道徳論を単なる論証という形式で展開せず、自身の対話論に従った読者に対する発言という形式で展開している。まず、シャフツベリは先の道徳論を展開する前に、その議論全体が「機知とユーモアの自由」によって「共通感覚」が発見されうるのかという「実験」（Experiment）であると宣言している（Shaftesbury 2001：52）。すなわち、先の道徳論全体は、シャフツベリが読者に先んじて真理として確定できるものではなく、それ自体が読者の判断に委ねられるべきシャフツベリの私見として提示されている。加えて、シャフツベリは『共通感覚論』の中で著者と読者の公平な関係が読者に大きな利益をもたらすと論じ、読者の自由を強める文体として笑いを交えた気楽な文体を評価した上で、その関係を『共通感覚論』における「私」と「あなた」の関係に対しても自己言及的に適用している（Shaftesbury 2001：48）。

ご覧のとおり、私はいくつかの場面で自由に笑う側になりました。もし私が間違って笑ったり、見当違いなところで真剣に振る舞ったりしていたなら、今度は喜んで笑われる側になりたいと思います。もし反対にからかわれることになっても、私はそれまでと変わらずに笑うことができるでしょうし、それが私の思想に新鮮な強みをもたらすでしょう。（Shaftesbury 2001：93）

このような発言から分かるように、シャフツベリが道徳論を通して展開した「共通感覚」は読者の自由な判断に先立って「共通感覚」としての身分を確立するわけではない。この点から、シャフツベリは共同的精神としてのセンスス・コムニスと共通判断としてのコモン・センスをもう一つの仕方で統合していることが分かる。すなわち、この両者は、前者の実践としての対話を経て初めて後者が確立されるという形でも統合されているのである。

以上をまとめると、シャフツベリの『共通感覚論』は、自他を公平に尊重する共同的精神としてのセンスス・コムニスを対話の本質的な構成要素とみなした上で、この態度の実在性を認める常識の根拠となる自然的な道徳判断の存在を主張するとともに、その一連の道徳論そのものを著者と読者の対話に委ねた著作であると言える。したがって、この著作は対話を支える道徳性を擁護した一種の常識哲学の著作であるとともに、その哲学があくまで共通感覚への「訴え」（Appeal）に過ぎないことを強調することで、単なる対話についての著作ではない対話的な著作になったのである。しかし、これ以降のシャフツベリ受容において、このようなセンスス・コムニスとコモン・センスの循環的な統合関係が批評されることはなかった。むしろ、シャフツベリの『共通感覚論』は、古代ローマの「共通感覚」の倫理的用法を紹介した著作か、あるいは、常識に基づく議論という論法を用いた先駆的な著作かのいずれかに力点を置いた仕方で批評されることになる。

第四節　「共感《シンパシー》」と「常識《コモン・センス》」――シャフツベリ以降の倫理的用法の受容

シャフツベリの共通感覚論は、大きく二つの哲学史的文脈に受容された。第一の文脈は、人間の社会的な感受性に関する研究の文脈であり、この文脈において古代ローマの「共通感覚」（sensus communis）の倫理的用法は「共感」（sympathy）に通じるものとして理解された。第二の文脈は、人間の認識の基礎に関する研究の文脈であり、この文脈において古代ローマの倫理的用法は「常識」（common sense）と外見上は似ているが概念上は異なるものとして慎重に退けられた。重要な点は、常識哲学を担った哲学者たちが、この両方の文脈を認識しており、古代ローマの「共通感覚」の倫理的用法は「常識」とは異なるが「共感」には通じるという言語的背景を意識していたという点である。本節では、この点に注目して、シャフツベリ以降における倫理的用法の受容の事例を検討する。

第一に、アイルランド出身の哲学者ハチスン（Francis Hutcheson, 1694–1746）は経験主義に基づいてシャフツベリを批判的に継承した人物であり、『情動と感情の本性と導き方』（一七二八年）の第一節に登場する「共同的感覚」（publick sense）という概念もそのような継承の一例として解釈できる。

私たちが「感覚」と呼ぶものが、「自分の意志に関わりなく観念を受け取り、快苦の知覚を抱くような自分の精神の仕組み全般」であるとしよう。［……］さて、どの順番で並べるかはさておき、反省を少し行えば明らかになるように、人間の精神の中には次のような自然な能力がある。［……］第三の部門の知覚は、私たちが「共同的感覚」と呼ぶものである。すなわち、「他の人々の幸福に快さを覚え、他の人々の不幸に不安を覚えるような私たちの仕組み」である。これは全ての人にある程度認められるものであり、一部の古代人たちはこれを「共同的配慮」や「共通感覚」と呼んでいる。（Hutcheson 2002: 17）

「共同的配慮」と「共通感覚」に対するハチスンの言及は、シャフツベリの『共通感覚論』を継承したものだと考えられる。一方で、ハチスンは、これらの語彙を社会的な徳ではなく人間一般の素質としての共感能力を指す経験主義的かつ心理学的な概念と結びつけており、この点で明確な独自性を示している（Holthoon 1987: 103; Cf. Turnbull 2005: 160–161; Hutcheson 2007: 33; Hume 1963: 219–220）。

第二に、スコットランドの哲学者ビーティ（James Beattie, 1735–1803）は、後述のリードと共にアバディーン哲学協会に参加し、リードの『常識原理による人間精神の研究』（一七六四年）に影響を受けた人物である。ビーティは『真理論』（一七七〇年）の第一章で、「自明な真理を知覚する能力」を「常識」（common sense）と呼ぶフェヌロンとリードの立場を紹介した上で、この用法を古代ローマの倫理的用法から明確に区別している。

ギリシア語を用いたストア派の「共同的配慮」という言葉は、人々が社会とお互いに抱く善意ある感情を意味していたように思われる。現代の道徳論者の一部はこれを「共同的感覚」と呼んでいる。一方で、私たちが「コモン・センス」という用語で表現しようとしている思想あるいは観念は全く別のものである。ラテン語の「センスス・コムニス」は様々な意味を持っている。（一）第一は、共同的感覚あるいは共同的配慮という意味である。シャフツベリの『機知とユーモアの自由についての随筆』第三部第一節注二を参照せよ。（二）第二は、社会生活の中で獲得される生活上の経験と知識である。［……］（三）そして最後は、直観的な明証性から生まれて全ての推論の基礎となるような、真理の本能的知覚という意味である。（Beattie 1770：33–34）

この論述は、古代ローマの「共通感覚」の倫理的用法と常識哲学の「常識」の用法を「全く別のもの」として区別している点で重要である。加えて、ビーティは古代ローマの倫理的用法を受容した例としてハチスンの「共同的感覚」という用語に言及している。この点は、ビーティが「共通感覚」の倫理的用法の思想がシャフツベリからハチスンへ継承されたことを認識していたことを示している。以上から、ビーティの論述は、共同的精神や共同的感覚へと発展した倫理的用法の議論を常識哲学の議論から区別する一方で、両者が各々の意味で「共通感覚」の思想に属することを認識していた例だと言えるだろう（Cf. Skelton 1784: 225–226）。

第三に、スコットランド常識哲学を代表する哲学者リード（Thomas Reid, 1710–1796）は、後期の『人間の知的能力に関する試論』（一七八五年）の第六論第二章において、シャフツベリの『共通感覚論』を常識哲学の先駆として詳しく論じている。リードのシャフツベリ解釈の独自性は、『共通感覚論』を古代ローマの倫理的用法の受容という文脈から切り離して常識哲学の先駆的著作として論じている点にある。第一に、リードはシャフツベリが「コモン・センス」という言葉を用いている複数の箇所を引用しているにもかかわらず、シャフツベリが古代ローマの倫理的用法を論じた箇所を引用せず、その用法の存在にも言及していない。第二に、リードは共通判断に関する『共通感覚論』第一部の議論を参照しながら、『共通感覚論』の「書名」は「共通感覚が［……］曖昧で不確かなものではないことを示す」という意図を反映したものだと解釈している（Reid 1785：525 邦訳書二七二：Cf. Redekop 2020：114）。したがって、リードは『共通感覚論』の書名が古代ローマの倫理的用法を反映しているという点を説明していない。第三に、リードは同じ章の序盤においてハチスンの『情動と感情の本性と導き』から「感覚」の定義を引用しているにもかかわらず、その定義と同じ箇所にある「共同的感覚」の定義に言及していない。つまり、リードはハチスンを『共通感覚論』の後継者として論じていない。第四に、ビーティがシャフツベリを古代ローマの倫理的用法の紹介者とみなし、フェヌロンとリードの常識論から切り離したのに対して、リードはフェヌロンとシャフツベリを共に自身の常識哲学の先駆者として位置づけている。したがって、リードのシャフツベリ解釈は先にビーティが発表したシャフツベリ解釈とは全く方針の異なるものであり、『共通感覚論』を古代ローマの倫理的用法の受容という文脈ではなく、常識哲学の前史という文脈に位置づけようとしたものだと言える。

最後に、スコットランドの哲学者ステュワート（Dugald Stewart, 1753–1828）はリードの常識哲学の影響を受けた次の世代の哲学者である。ステュワートは『人間精神の哲学原理』第二巻（一八一四年）の中で、ビーティの注を踏襲したより詳しい注を設けると宣言し、「センスス・コムニス」という表現の意味を次のように説明している。

「センスス・コムニス」というラテン語表現は、非常に広い意味で用いられていた。キケロの様々な文章にかぎれば、この言葉は「コモン・センス」という英語表現を用いて完全に翻訳できる。〔……〕

他の場面において、古典古代の作家たちの「センスス・コムニス」は明らかに全く異なったものを意味している。シャフツベリ卿が『機知とユーモアの自由についての随筆』の中で聡明に論じたように、ユウェナリスの有名な一節がその例である。〔……〕

私は〔シャフツベリ卿の〕この見解には全体として全く同意するが、私としてはユウェナリスの「共通感覚」を「共感」（sympathy）として考えた方がより一層正確になるのではないかと思う。ここでの「共感」という言葉は、（スミス氏がこの言葉に与えた適切な語義の通り、）様々な社会的義務を果たす上で、他の人々の状況に身を置き、それに応じて自分の言動を制御するように人間を傾ける思いやりの同義語として理解されたものである。（Stuart 1814：413–415）

この論述は、英語の「コモン・センス」の用法と古代ローマの倫理的用法を「全く異なった」ものとする点で、ビーティと方針を共有している。一方で、ステュワートは古代ローマの倫理的用法について独自の見解を展開している。その見解とは、ユウェナリスの共通感覚はシャフツベリの「共同的精神」よりもスミス（Adam Smith, 1723–1790）の「共感」として解釈した方がより正確だという見解である。いずれにせよ、ステュワートの論述はビーティの論述と同様に、常識の議論を共同的精神や共感の議論から明確に区別しながらも、両者が各々の意味で「共通感覚」の思想に属していることを認めた例だと言えるだろう。

以上の検討から分かるのは、古代ローマの「センスス・コムニス」の倫理的用法はシャフツベリを通じて知識人たちによく知られた用法になっていたということである。この用法は共感理論の文脈においてはその成立背景の一部として受容された一方で、常識哲学の文脈においては常識の用法と慎重に区別されるべき用法として意識されていた。そして、興味深いことに、後者の文脈の中に共感理論と倫理的用法を重ねる論述が現れることは、常識の哲学が「共通感覚」という思想の広がりの中の隣人として共感の哲学を意識する場面があったことを示している。

おわりに

本章では、古代ローマの「共通感覚」の倫理的用法が近世イギリス哲学に受容された背景とその受容の実態を検討した。本章の議論が示したのは、近世の「コモン・センス」の思想史が「センスス・コムニス」の倫理的用法の受容史と共存しながら進展していったという特殊な歴史的事情である。また、この事情が示唆するのは、常識哲学の構想は「コモン・センス」の単純な一義性に守られていたというよりも、「共通感覚」の多義性の中から「常識としてのコモン・センス」を確保し続ける批評の営みに支えられていたものだったということである。そして、このような言語的背景は、「共通感覚」（κοινὴ αἴσθησις）と「常識」（common sense）の二つの伝統を想定するだけでは十分には把握できないものであり、もう一つの「共通感覚」の歴史を通して初めて見えてくるものなのである。

文献表

Beattie, J.（1770）*An Essay on the Nature and Immutability of Truth*, Edinburgh.

Bentham, J.（1907）*An Introduction to the Principles of Morals and Legislation*, Oxford：Clarendon Press.

Billig, M.（2008）*The Hidden Roots of Critical Psychology：Understanding the Impact of Locke, Shaftesbury and Reid*, Los Angeles：SAGE.

Casaubon, I.（1603）“Emendationes et notae,” *Historiae Augustae scriptores*, I. Casaubon（ed.）, Paris.

Casaubon, M.（1643）“Notae,” *De se ipso et ad se ipsum*, W. Xylander（trans.）M. Casaubon（ed.）, London.

Erasmus, D.（1922）*Opus Epistolarum Des. Erasmi Roterodami*, Vol. 4, P. S. Allen and H. M. Allen（ed.）, Oxford：Oxford University Press.

Feder, J. G. H.（1768）*De sensu interno exercitatio philosophica prima*, Göttingen.

Gataker, T.（1652）“Annotationes,” *De se ipso et ad se ipsum*, T. Gataker（ed.）, Cambridge.

Glare, P. G. W.（ed.）（2012）*Oxford Latin Dictionary*, 2nd edition, Oxford：Oxford University Press.

Henke, C.（2014）*Common Sense in Early 18th-Century British Literature and Culture：Ethics, Aesthetics, and Politics, 1680–1750*, Berlin：De Gruyter.

Holthoon, F. v.（1987）“Common Sense and Natural Law：From Thomas Aquinas to Thomas Reid,” *Common Sense：The Foundation for Social Science*, F. v. Holthoon and D. R. Olson（ed.）, Lanham：University Press of America.

Hume, D.（1963）*Enquiries concerning the Human Understanding and concerning the Principles of Morals*, L. A. Selby-Bigge（ed.）,

Oxford：Clarendon Press.
Hutcheson, F.（2002）*An Essay on the Nature and Conduct of the Passions and Affections*, A. Garrett（ed.）, Indianapolis：Liberty Fund.
――――（2007）*Philosophiae Moralis Institutio Compendiaria*, L. Turco（ed.）, Indianapolis：Liberty Fund.
Lewis, C. S.（1981）*Studies in Words*, 2nd edition, Cambridge：Cambridge University Press.
Marcus Aurelius（1558）*De seipso seu vita sua*, W. Xylander（trans.）, München.
――――（1634）*Meditations concerning himself*, M. Casaubon（trans.）, London.
――――（1652）*De se ipso et ad se ipsum*, T. Gataker（ed.）, Cambridge.
Redekop, B. W.（2020）*Common Sense and Science from Aristotle to Reid*, London：Anthem Press.
Reid, T.（1785）*Essays on the Intellectual Powers of Man*, Edinburgh（トマス・リード『人間の知的能力に関する試論（下）』戸田剛文訳、岩波書店、二〇二三年）.
Salmasius, C.（1620）"Emendationes et notae," *Historiae Augustae*, I. Casaubon and C. Salmasius（ed.）, Paris.
Shaftesbury, the third Earl of（2001）"Sensus Communis：An Essay on the Freedom of Wit and Humour," *Characteristicks of Men, Mannes, Opinions, Times*, Vol. 1, D. D. Uyl（ed.）, Indianapolis：Liberty Fund.
Skelton, P.（1784）*An Appeal to Common Sense on the Subject of Christianity；to which are added, Some Thoughts on Common Sense*, Dublin.
Stuwart, D.（1814）*Elements of the Philosophy of the Human Mind*, Vol. 2, Boston.
Turnbull, G.（2005）*The Principles of Moral and Christian Philosophy*, Vol. 1, A. Broadie（ed.）, Indianapolis：Liberty Fund.
Voltaire（1765）*Dictionnaire philosophique*, nouvelle édition, London（ヴォルテール『哲学辞典』高橋安光訳、法政大学出版局、一九九一年）.
エピクテトス（二〇二一）『人生談義（下）』國方栄二訳、岩波書店。
スパルティアヌス、アエリウス他（二〇〇九）『ローマ皇帝群像3』南川高志訳、京都大学学術出版会。
セネカ（二〇〇五）『倫理書簡集Ⅰ』高橋宏幸訳、『セネカ哲学全集5』岩波書店。
――――（二〇〇六）『倫理書簡集Ⅱ』大芝芳弘訳、『セネカ哲学全集6』岩波書店。
パエドルス（一九九八）『アウグストゥスの解放奴隷パエドルスによるイソップ風寓話集』岩谷智訳、『イソップ風寓話集』国文社。

ホラティウス（一九八二）「ホラーティウス『諷刺詩集』（1）」松田治訳、『流通經濟大學論集』一七（二）、四一―五八。

マルクス・アウレリウス（二〇〇九）『自省録』神谷美恵子訳、岩波書店。

ユウェナリス（二〇一二）『諷刺詩』国原吉之助訳、『ローマ諷刺詩集』岩波書店。


（菅谷　基）

第二章

言語の目的と常識

――バークリとリード

はじめに

状況は壊滅的であった。反ロック的立場であったり、職業が聖職者であったり、常識を信奉していたり、とバークリとリードは多くの事柄を共有している。しかし、少なくとも著者にとって、もっとも興味深いことは、おそらくはバークリとリードが共に状況は壊滅的であるという現状認識を出発点として自身の哲学を展開しはじめたと考えられる点である。あるいはそういった危機感がなければ、人間は哲学を展開しようとしないかもしれないが、ともあれそれぞれが直面した破滅的な状況を順次まとめていこう。

一六九六年にアイルランド出身であるトランドは『秘義なきキリスト教』を出版する。この本はロックの言語論を基盤として、聖書の特にキリスト教の神秘への言及を分析する。そして分析の結果として、キリスト教が神秘を含まず信仰できるか、キリスト教は神秘を含み信仰できないか、の二者択一を読者に迫った。神秘を含んだキリスト教を信仰したいと考えるバークリにとって、この二者択一はとても受け入れられなかっただろう。状況を悪化させ、壊滅的にさせたのは、ブラウンやシングといった先行するアイルランドの哲学者たちがロックによる言語論を堅持したうえで、トランドの二者択一を避けるための理論を展開したことであった。この神秘とまったく関係ない観念を媒介する案はバークリにとって懐疑主義的な信仰の不可能性につながる対処としか考えられなかった。

リードにはバークリが直面したトランドによって引き起こされた理神論的な宗教の危機は存在しなかった。その代わりに哲学は先行するバークリとヒュームによって壊滅的打撃を被っていた。物質世界は存在しないとバークリは主張した。さらにバークリの立場は独我論に通じていると疑われた。ヒュームはバークリよりもさらに一歩先に進んで、物質世界だけでなく心も存在しないと主張した。リードはこの壊滅的な状況はデカルトやロックによって刷新された観念説（theory of ideas）に由来しており、そのことは言語の構造に注目することによって修正できると考え、自身の常識哲学を展開することとなった。

バークリとリードの壊滅的状況は先行するロックによる哲学や言語論と濃厚に絡まり合っている。このことを踏まえて本章では「言語の目的」という観点からバークリとリードそれぞれの言語論を整理しつつ、それぞれの常識概念の体系的位置付けを明らかにすることを試みた。

「言語の目的」という観点を採用したのは、この観点がロックと後続するバークリやリードとの言語論的立場の違いをよく反映していると考えたからである。またロックによる知識論を否定することによって、自分自身の知識論を前提としている言語論を展開しなければならないという同じ状況に追い込まれた際の対処を比較することで、バークリとリードの近さと遠さを示すことができるとも考えたからである。さらに言えば、バークリとリードが言語論を展開する枠組みとしてロックによる言語論にもごく簡単な概観を与えることができることもこの観点を導入した理由としてあげることができる。

言語論を整理するという主題を設定したのは、共に後代の言語論的立場の先駆的発想を含みながらバークリとリードが展開した言語論の特異性を浮き彫りにしたいと考えたからである。特にリードはその特異性に関わらず言語論への注目が少ないことからその整理に意義があると考えた。さらに言えば言語論的視点は常識概念理解にも新たな視角を与えてくれる。

本章では以下のように議論を展開した。第一節ではまずロックが提示した言語の目的が明らかにされる。そしてロックが採用したと思われる知識論が言語の目的の前提になっていることを確認する。最後にバークリとリードのロックの立場への批判が検討される。第二節では最初にトランドによるロック言語論の神学への適用とそれに対するバークリの対応をみていった。つぎに言語の濫用がもつ観念誤認の構造を確認した。最後にバークリによる言語論と常識の結び付きを明らかにした。第三節では『人間の知的能力に関する試論』を参照しながらリードによる観念説批判の論点を確認した。つづけてリードが設定する言語の目的を明らかにした。そして観念説批判も言語の目的も常識概念が基盤にあることを示した。

第一節　ロックの立場とその批判

言語は『知性論』第三巻で主題的にあつかわれている。そこでは言語の目的がつぎのように整理されている。(1)

言語の目的は主に次の三つである。第一に、一人の人の思考すなわち観念を他の人に知らせること。第二に、可能な限り容易に迅速におこなうこと。そして第三に、事物の知識を運ぶことである。(『知性論』三・一〇・二三)

(1) 以下すべての引用で〔　〕内は著者の挿入。傍点は原文でイタリック体。

第二の効率の良さについては、言語活動を含めた人間の活動全般の目的と考えることができる。言語活動特有の目的という意味では、注目すべきは第一と第三だろう。第一と第三はそれぞれ独立した目的ではない。言葉の発信者と受信者という枠をはめれば、第一では発信者の心の中にある観念が言葉を使用することで受信者の心の中に喚起されることが述べられている。そして第一がおこなわれた結果として第三に発信者のもっていた事物の知識が受信者に運ばれるとされている。

具体例として「ピッコロという犬は白い」という事物の知識を考えてみよう。発信者はピッコロという犬は白いという観念を心の中でもっている。そして発信者が「ピッコロという犬は白い」と言ったり書いたりすることで、それを聞いたり読んだりした受信者の心にピッコロという犬は白いという観念が喚起される。発信者の心の中の観念が外に出て、受信者の心の中に入るわけではないので、伝達とか運搬という表現はなじまないだろう。言葉によって観念が喚起された結果として受信者が「ピッコロという犬は白い」という知識をもつことになる。

言葉によって観念を喚起することで結果として知識を伝達することが言語の目的であるとしてみよう。するとそもそも観念をもつことが知識をもつことである理由を明らかにしなければならなくなる。『知性論』第二巻冒頭では知識獲得の出発点において心は「文字をまったく欠いた白紙」という名高い想定が提示される（『知性論』二・一・二）。そして感官を通して可感的事物の観念が経験から得られることで、知識の源泉である観念が白紙である心に蓄積していくと想定されている。

こういった想定から以下のような観念型表象主義的知覚論を組み立てることができる。外界の事物があり人間が居たとしよう。人間は知覚器官をつかって、外界の情報を得る。その情報は神経を通って脳まで伝わる。この情報は外界の事物を広い意味での類似性に基づいて表している。この場合に外界を表象する情報を「観念」と呼ぶことにしよう。このような表象主義に基付いて、表象である観念を得ることとして知覚をモデル化する立場が観念型表象主義的知覚論である。

観念型表象主義的知覚論を採用している場合には、外界の事物とその外界の事物の観念が類似もしくは類似の極として一致していることが重要になる。多くの人間が自分自身の知覚器官を外界の情報源として信頼しているのは、知覚器官によって供給される情報が概ね外界と一致しているからだろう。触り心地がよさそうな猫は、実際に触り心地がよいことが多い。だからこそわたしたちは視覚を信頼する。ロックが観念型表象主義的知覚論を採用していた可能性を高める以下の箇所を引用しておこう。

> 心は事物を直接に知らず、それ〔心〕がそれら〔事物〕の観念の介在によってだけ知ることは明白である。それゆえにわたしたちの知識は、わたしたちの観念と実在の事物の間に合致がある限りで実在的である。（『知性論』四．四．三）

この箇所ではまず外界の事物は直接知られず、観念の介在で知られること、そして観念と実在の合致によって事物の知識が得られるとされている。これは将に観念型表象主義的知覚論が与えるモデルである。また観念型表象主義的知覚論がロックによって採用されていると考えることは、言葉によって観念を喚起することで結果として知識を伝達することが言語の目的であるという立場が前提とする観念をもつことが知識をもつことである理由を明らかにする。

もちろんこのようにロックに観念型表象主義的知覚論を押し付けることに正当性を認めない解釈は散見される。たとえばヨルトンは観念を知覚作用として理解することによってロックは直接実在論を採用していたと解釈する（Yolton 1984）。また冨田はマンデルバウムと同様に粒子仮説を基盤として観念説を捉えている（Mandelbaum 1964：冨田二〇一五）。これらの解釈はロックが観念型表象主義的知覚論を採用していない可能性を追求している。この追及がなされる背景としてベネットに代表される観念型表象主義的知覚論に対するいわゆる知覚のヴェール説批判がある（Bennett 1971）。ロックが観念型表象主義的知覚論を採用したと考えることが誤読か否かは検討に値する。だが多くのロック主義者や反ロック主義者はロックが観念型表象主義的知覚論を採用したと考えたことはヨルトン、マンデルバウム、あるいは冨田が二〇世紀に入ってもそれを打ち消す解釈を提示していることがその証左になるだろう。

実際にバークリとリードはロックのテキストから観念型表象主義的知覚論を読み取れると解釈し、それに対する批判をおこなった。以下にバークリとリードによる批判を順次引用していこう。

色彩、形状、運動、延長などは心の中のとてもたくさんの感覚と考えられる限り完全に知られる。それらの内には知覚されていないなにものもないからである。しかし、もしそれらが心の外に存在している事物や原型に関連付けられた符号や心像とみなされればわたしたち全員は懐疑主義に巻き込まれる。わたしたちは見かけのみをみて、事物の本当の性質をみない。延長、形状、もしくは運動が真実で絶対的な事物すなわちそれ自体の中でどんなものかを知ることは不可能である。（『原理論』八七節）

観念の学説がわたしたちの外にある物質的世界の存在を証明することを必要とさせ、同時に困難にさせたということをロック氏がデカルトと同じように気づいていたことをわたしたちは理解できる。なぜならばその学説〔観念説〕に従えば心はそれ〔心〕自身の中の観念の世界以外には何も知覚しないからである。デカルトだけでなく、マルブランシュやアルノー、そしてノリスもまたこの困難に気づいていて、それを取り除くように試みたのだが、ほとんど成功しなかったのである。（Reid 2002：128）

ここでバークリとリードが共に展開しているのは先に言及したいわゆる知覚のヴェール説批判である。それは以下のようにまとめることができる。観念型表象主義的知覚論では知覚を考える際に、外界の事物、知覚作用、心の他に外界の事物を表象する観念が心による知覚作用の直接対象として想定される。外界の事物が知覚作用の対象であることを考えるとこれは知覚対象を二つに分け、心による知覚作用の直接の対象を観念とし、外界の対象を間接の対象とすることである。このように分けたうえで観念型表象主義的知覚論では観念が外界の対象と類似に代表される関係をもっており、この関係によって観念を得ることが外界の対象の知識を得ることになるとされている。ピッコロという白い犬が外界の対象としているとしよう。ピッコロを見ると見た人はピッコロに類似したピッコロの観念を得る。そして観念を通してピッコロが犬であることや白いことを知る。ところがこのような観念型表象主義的知覚論では往々にして外界の事物を知る方法は知覚のみであるとされている。すると外界のピッコロとピッコロの観念が観念をもつことが知識であることを支える類似に代表される関係をもつか否かを確かめる術がないことになる。結果としてこのような観念型表象主義的知覚論は知覚というヴェールによって外界の対象を知ることができなくなり懐疑主義に陥ると考えられた。つぎにバークリとリードの違いを考えてみよう。

バークリは批判の中で特定の哲学者を名指しで批判していない。そのためにロックが観念型表象主義的知覚論を採用したとバークリが考えていたか否かは判然としない。しかし、それが誰であれ観念型表象主義的知覚論を採用した場合には懐疑主義に陥り、外界の対象がもつ性質も、外界の対象が存在するかということも知ることができなくなるだけでバークリにとっては十分であっただろう。というのも観念型表象主義的知覚論を採用する者は、その採用によって自身の立場が自壊し、ある選択を迫られるからである。それはその存在もそれが有する性質も確かに知ることはできないが外界の事物が存在すると考えるか、すっかり知っており、知覚することによってその存在も確保される観念のみが存在すると考えるか、という選択である。後者を選択することは、バークリが信奉する非物質論へと向かう一つの途を進んでいくことになる。

バークリと異なってリードはロックを名指しで批判する。それどころか引用箇所だけでもデカルト、ロック、マルブランシュ、アルノー、そしてノリスも観念型表象主義的知覚論を採用しており、同じように懐疑主義に陥る危険をはらんでいると指摘されている。さらに以下のようにも述べて、観念型表象主義的知覚論がもつ双方向性を指摘する。

おそらく彼〔バークリ〕は、もしもわれわれが精神の観念だけを知覚するのであれば、物質の観念から物質の存在を推理するときに見出されるのと同じ困難が、精神の観念の存在からその実在を推論するときにも見出されることを理解していたのだろう。（Reid 2002：162）

ヒューム氏は、精神世界をバークリのように特別に偏愛することはなかった。彼は、観念の理論をその最大の範囲まで採用した。そして結果的に、印象と観念の他には、世界には物質も心もないということを示したのである。（Reid 2002：162）

最初の引用でリードはバークリが知覚のヴェール説批判を物質世界に対しておこなっただけではなく、それが精神にも適用できることに気が付いていたと指摘している。つまりリードにとって知覚のヴェール説批判は外界を対象とした知覚という場面でのみで機能する批判ではなく、精神に対する観念を媒介とした認識という場面でも機能する双方向性をもつ批判であった。実際にこの知覚のヴェール説批判の双方向性は、ヒュームによって現実のものとされたと続く引用では述べられている。このようにリードは双方向性をもつ知覚のヴェール説批判によって、観念型表象主義的知覚論を採用することは、バークリの非物質論とヒュームによる非物質論と心の知覚の束説という双方向で懐疑主義に陥る結果を産むと考えていた。

バークリとリードはその範囲、すなわち物質世界のみか物質世界と心かということは置くとしても、観念型表象主義的知覚論が知覚のヴェール説批判によって、懐疑主義に陥ることを示せると考えていた点では一致している。ここまで確認したところで、ロックによる言語の目的に再び目を向けてみよう。少なくともバークリやリードにとって、ロックもしくはロック主義者たちは観念型表象主義的知覚論を採用していた。そして採用することによって、観念をもつことは知識をもつことであると考え、観念を喚起することで結果として知識を伝達することが言語の目的としていたと分析することができる。

この分析に則れば、新たな問題が浮上する。それはバークリとリードは観念型表象主義的知覚論を知覚のヴェール説批判によって却下する。そうだとすれば、そして仮に言語論を展開しようと考えたならば、両者は新たな言語の目的を提示する言語論を展開する必要に迫られることになる。

第二節　バークリの立場

言葉が有意味である基準を探る場合に、言語の目的を足掛かりとすることができるかも知れない。というのも言語の目的に寄与することが有意味な言葉の条件であるかもしれないからである。では第一節で言葉によって観念を喚起することで結果として知識を伝達するとまとめられたロックによる言語の目的から言葉が有意味であるのは意味表示する観念がある場合のみであるという有意味性の基準を抽出することはそれほど不当ではないだろう。実際に『知性論』三巻ではつぎのように述べられている。

言葉はその一次的ないしは直接的な意味表示（Signification）でそれら〔言葉〕を使う人の心の中の観念のみを表す。（『知性論』三・二・二）

はじめにでも述べたが、おそらくはロックの影響を受けて、この有意味性の基準を信仰に関わる啓示という言語行為に適用したのがアイルランド出身のトランドであった。一六九六年に出版された『秘義なきキリスト教』では啓示と信仰の関係がつぎのように述べられている

誰であれ何かを啓示する際に、すなわち誰であれわたしたちが以前には知らなかった何かをわたしたちに語る際に、彼の言葉は了解可能でなければならないし、その事柄は可能でなければならない。この規則は啓示する者が神であろうと人間であろうと有効である。〔……〕了解可能でない語りについては、人間による啓示だろうが神による啓示だろうが、わたしたちは信じることはできない。なぜならば事物の想われた観念だけが、信じること、否定すること、肯定すること、そして知性の他のすべての活動の唯一の対象だからである。それゆえに神や人間によって啓示されたすべての事柄は、等しく了解可能で可能でなければならない。（Toland 1696: 42）

この箇所でトランドは啓示が了解可能でなければならないことを強調する。そして了解可能であることと観念を想うこととを結び付けている。啓示が言葉を使った言語活動であることを鑑みればここにはロックによる言語論とその有意味性の基準が大きく影響を与えていることがうかがえる。

このように有意味な言葉でないと信仰の対象にはならないとしたうえで、トランドは神秘とは了解不可能な事柄であるとする。そこから観念を意味表示し了解可能で信仰することが可能なキリスト教か、意味表示する観念が無く了解不可能で信仰することも不可能なキリスト教の二者択一を読者に提案する。この提案に対して、なんとか神

秘の存在も信仰も守ろうとしたバークリに先行するブラウンやシングといった哲学者たちは、比喩という形で啓示の言葉に対応する観念を与えながらそれは神秘を表象しないという折衷案でロックに由来する観念型表象主義的知覚論と有意味性の基準を守ろうとした。(2)

こういった状況において、ブレイクスルーを産み出したのはバークリによる言語論的な発見であった。『原理論』「序論」は言語嫌悪に彩られている。同時代の多くの哲学者たちと同様にバークリは言葉に惑わされることなく、言葉が意味表示する心の中の観念を注視せよと何度も読者に忠告する。この忠告に危機感を添えるために、以下の引用のようにそれが容易ではないことを述べながら言葉の濫用の構造を明らかにする。

近年になって多くの人が言葉の濫用から育つ不合理な意見や無意義な論議にとても敏感になってきた。そしてこの害悪を癒すために、その人々は、言葉の意味表示する観念に注意し、観念を意味表示する言葉からは注意を外らすように立派に忠告する。しかし、他の人びとに与える忠告がいかに良いものであったとしても、言葉の唯一の直接の効用が観念を意味表示することであり、そしてすべての一般名が意味表示するのは一定限の抽象観念であると考える限り、自分の忠告を自分で正当に尊重できなかったことは明らかである。（『原理論』序論二三節）

この箇所では観念を注視せよという忠告は流布しているが、その忠告をする者ですら忠告を守ることが難しいとされている。そうしたうえでそもそも言葉の濫用の構造が一般名と抽象一般観念を例に説明されている。それによれば言葉の濫用がおこるのは、言葉の唯一の効用を有意味な言葉は観念を意味表示すると考え、有意味な一般名が意

（2）詳しくは Berman（2005）などを参照。

味表示する観念を考えてしまうからであるとされている。つまり自分が使用する有意味な言葉には有意味性の基準に基づいて、必ず観念があると考えてしまい、結果として有意味な言葉が意味表示する本当は存在しない観念を誤認してしまうことがあるとバークリは指摘している。ここでの一定限の抽象観念という具体例から明らかなように、『原理論』序論で批判をされている抽象一般観念が存在するという説はこのような言葉の濫用の構造に基づいて流布していったと考えることができる。

この言語の目的や有意味性の基準が言葉の濫用と結び付いているという解釈が正しいのであれば、バークリは当然のことながら新たな言葉の濫用を産み出す可能性が少ない言語の目的を模索するはずである。確かに『原理論』序論ではつぎのような新たな言葉の目的が提示されている。

また言葉によって標印された観念を伝達することは、通常想定されているように、言語の主要で唯一の目的ではない。情緒を起こすとか、行動を喚起したり、阻止したり、心をある傾向に置くとかという他のいろいろな目的があって、これらに比べれば、先の目的は多くの場合に単に従属的であり、それ無しにそれらがなされるのであれば省略されることもある。（『原理論』「序論」二〇節）

この箇所で観念の伝達ではない言語の目的が提示されている。それは情緒、行動、あるいは心に傾向性を引き出すという目的である。この目的は意味の情緒説の先駆的発想とされることもあった。オグデンとリチャーズに代表されるこのような解釈に対してはウィリフォードとジャカピによる批判がある。(3)

それよりやはりこの箇所はロック主義的言語論と対比することでその革新性が際立っている。『原理論』「序論」では「アリストテレスはこう言った」と言われた場合には、アリストテレスのことをあまり知らなくても黙らなくてはならないといった身につまされる例が挙げられている。だが先述したようにトランドと先行するアイルランドの哲学者たちの議論をふまえれば、啓示における神秘についての文言は意味表示する観念がなくとも信仰という行動を促すことができるという新たな立場の確立にこの目的は寄与することとなっていく。

しかし、そういった神学的な側面だけでなく、他の言語論的場面でもこの新たな目的による影響は表れている。その影響を確認するためにまずロックによる推理の分析を確認しよう。

そこでこの場合心が観念の直接比較、いわば並置によって、言い換えれば観念を互いに当てることによって、一致あるいは不一致を知覚するように、観念をいっしょにできない際には、心はやむをえず、他の（場合に応じて一つあるいはそれ以上の）観念の介在によって、その探し求める一致あるいは不一致を発見するのであり、これはわたしたちが推理と呼ぶものである。たとえば心が三角形の三つの角と二直角との大きさでの一致あるいは不一致をぜひ知ろうと思っているが、直接に眺めて三つの角と二直角を比較することでは、なぜならば三角形の三つの角を一度にもってきてある一つまたは二つの角と比較することはできないからそう〔一致あるいは不一致を知ることが〕できない。したがって、これについて心はなんの直接的知識ももたない。この揚合に心はやむをえず、三角形の三つの角と等しい他のある角を探し出し、この角が二直角と等しいことを見いだして、三つの角と二直角との等しさを知るようになるのである。（『知性論』四．四．二）

ここでロックは観念を基盤として推理を分析している。幾何学の例であるので、図についてどのように考えるかも

（3）オグデンとリチャーズによる解釈をまとめれば次のようになる。それが示唆する観念をもたない言葉は、情念を喚起する情緒的使用されることによって有意味となっている。そしてその際には、情緒的使用されている言葉は真理値をもたない。ウィリフォードとジャカピは『アルシフロン』第七対話の分析を通じて、対応する観念がなくとも理論として実在と対応しているという意味で真偽をもっていると解釈している（Ogden and Richards 1923; Williford and Jakapi 2009）。

重要な論点ではあるが、言語論的観点に注意を払うために言葉で推理が書かれていると考えてみよう。多くの論者が指摘するように近世の多くの哲学者たちと同様にロックは言葉の系列としての推理と観念の類似性による系列として推理という並行する二通りの推理があると考えている[4]。しかもより重要で推理の基盤となっているのは観念の系列としての推理であるとされている。だからこそロックは言葉によって観念を喚起することで結果として知識を伝達することを言語の目的とし、そこから有意味性の基準を引き出しているとも言える。

これに対してバークリは推理について、幾何学ではなく代数と賭け事を例にとりながらつぎのように分析する。

そして少し注意すれば、観念を表す有意義な名前は（厳密な推理においてさえ）それらが使われる度にそれが表すようにされた観念を知性の中に喚起する必要がないことを見出すだろう。読書や談論では名前は大部分で代数における文字のように使われている。そこ〔代数〕ではそれぞれの文字は特殊な量を印付けるが、しかし正しくやるためにはすべての段階であなたの思考にそれが表すように指定された特殊な量を文字が示唆することを必須としていない。（『原理論』「序論」一九節）

ユーフレイナー：語は、同意されていますが、記号です。それゆえに語のそれ〔使用〕を知るために他の記号の使用を吟味することは不都合ではないでしょう。例を挙げれば、カード・テーブルの数取りは、それ自体のためにではなく、金銭を代用する記号として、語が観念にとってそう〔代用〕であるように使用されています。さてアルシフロンよ答えてください。あるゲームの経過全体を通して、これら数取りそれぞれが表示する別個の総数や価格の観念を形成する必要があるでしょうか。

アルシフロン：決して〔そんなことはありません〕。プレイヤーたちが最初にそれらの各々の価格について合

意し、最後にそれらの代わりにそれらの価格を置き換えればよいのです。(『アルシフロン』第七対話五節)

最初の引用では厳密な推理においてさえ観念は必要ないとされている。ロックと異なりバークリは推理において、言葉の系列のみを重視している。しかし、これは観念との接点がまったくないことを意味していない。二つ目の引用で『アルシフロン』でのバークリの代弁者であるユーフレイナーはカード・テーブルの数取りは代数での文字と同じように量を勘案せずに使われることをまず確認する。(5) そしてアルシフロンは最初と最後で量との確認が取れればよいと述べている。数取りと現金の関係が語と観念の関係を表しているとすれば言葉の系列で進む推理は、最初と最後で使う言葉に対応する観念の有無を確認しなくてはならないと結論付けることができる。

この観念を参照しない言葉の系列としての推理と観念の確認という構造は同じ『アルシフロン』第七対話での自由を巡る議論でも確認することができる。バークリと意見を異にする対話者であるアルシフロンは議論冒頭で「言葉を引き剥がし理説や教説を丸裸にして、どんな観念でその下に隠れているのか、あるいはそもそも観念があるのかを確かめる」(『アルシフロン』第七対話三節)というバークリが『原理論』「序論」草稿で「孤独な哲学者」と呼ぶ立場をとると宣言する(Berkeley 1948-1957, Vol. 2 : 141)。そして心の内の観念を参照した結果として人間の自由は無いと結論付ける。この結論についてバークリの代弁者であるユーフレイナーは次のように常識に訴えて論駁すると述べている。

(4) たとえば Dawson (2007) を参照。

(5) 『アルシフロン』は一七三二年に出版されたバークリによる対話篇である。主な登場人物は、ディオン、リュシクレス、アルシフロン、ユーフレイナーそしてクリトーの五人である。ディオンはほとんど発言をせず聞き役に徹している。リュシクレスとアルシフロンはキケロに倣って作中では「小粒な哲学者」と呼ばれている自由思想家の立場を代弁している(『アルシフロン』第七対話一〇節)。一方でユーフレイナーとクリトーは、それに反するバークリの立場を代弁していると解釈されている。

ユーフレイナー：しかし、もしわたしが事物をそのままにとり、そして誰でも構わないがある教育を受けていない普通の人にこれやあれの特殊な行動において、彼が自由に行為するか否かまたは自由であるか否かと尋ねたならば、彼は即座に同意する。［……］わたしは大胆にもあなたの形而上学的で抽象的な意味から離れて、人類の常識にうったえるでしょう。（『アルシフロン』第七対話一八節）

既にみてきたように教育を受けた哲学者は自身の信奉する哲学説を構成する言葉の言語の濫用によって、本来はありもしない観念を発見する。この観念の発見がおこるのは言葉の系列としての推理が展開され、結論に対応する観念の有無を確認する際である。本来は存在しない抽象一般観念が存在するという教説が流布されている状況は、ほとんどの哲学者が言語の濫用から逃れられない現実を示している。その現実をふまえて、そこから逃れる方途として哲学に汚染されていない人物の判断としての常識的判断が重視されている。

第三節　リードの立場

これまで検討してきたロックやバークリを含めてデカルト以降ヒュームに至る哲学者たちの哲学理論は、問題を抱えているとリードは考えた。そこで「観念」という言葉の使用に注目をして、そういった哲学理論を「観念説」と名付け批判していった。だが観念説が抱える問題はデカルト以降ヒュームに至る時代すなわち一七世紀から一八世紀に展開された哲学理論に限定されるとリードは捉えていなかった。そうではなくて古代からはじまり先行するほとんどの哲学理論は同じ問題を抱えていると捉えられていた。これらの点について以下の箇所を確認しよう。

プラトンの地下洞窟とロック氏の暗い小部屋はこれまで発明されたすべての知覚の体系に容易に適用できるだ

ろう。[(6)] というのも、それらはすべて、われわれが外的対象を直接に知覚せず、知覚の直接の対象は外的対象の特定の影でしかないと想定しているのである。われわれが直接知覚するこれらの影や像は、古代の人々によって形象、形相、心象と呼ばれた。デカルトの時代以降、それらは一般に観念と呼ばれ、ヒューム氏によって印象と呼ばれている。（Reid 2002: 105）

プラトン以降ヒュームに至るまでの主要な哲学者は同じ問題を抱えていた。それは知覚の対象である外界の事物の他に知覚の直接の対象を導入するという問題である。「影」や「像」という言葉に表れているように、多くの哲学者は外界の事物と知覚の直接の対象は類似していると考えていた。そして類似しているからこそ知覚の直接の対象を知覚することで、外界の事物についての知識が得られると捉えていた。このモデルは将に観念型表象主義的知覚論である。このことは以下の二つのイメージ豊な比喩からも読み解くことができるだろう。

だから、ピュタゴラス主義者とプラトン主義者が、この知覚の一般理論についてペリパトス学派に同意するということはかなりありそうなことなのである。すなわち感官の対象は、ある心像によってのみ、あるいはその対象の影によってのみ知覚され、カメラ・オブスクラにとり入れられるように心に入り込むという理論なのである。（Reid 2002: 91）

古きペリパトス学派やエピクロス学派と同じように現代の哲学者は、外的対象が思考の直接の対象ではありえないと考えた。そして、心それ自体の中にその何らかの像がなければならず、そこで外的な対象は、鏡の中で

---

(6) ロックによる暗い小部屋はその構造から考えてカメラ・オブスクラを念頭に置いた比喩であるかもしれない。

見られるかのように見られるのである。そして哲学的な意味で観念という名前は、思考のこの内的で直接的な対象に与えられているのである。(Reid 2002: 31)

「カメラ・オブスクラ」と「鏡」という近代という時代をさまざまな機会に象徴するイメージ豊かな比喩は、少なくとも観念が果たす以下のような機能を示していると考えることができる。カメラ・オブスクラも鏡も外界を写す。観念も同じである。観念は外界の写しとしての機能をもっている。カメラ・オブスクラも鏡も外界の実物と比較して似ていれば似ているほど有用である。しかし、有用ではあるものの、リードは観念型表象主義的知覚論が知覚のヴェール説批判によって示されるように、懐疑主義へと陥る危険性を孕んでいると捉えていた。

リードはプラトン以降の哲学史に伏流水として連綿とつたわり、デカルトによる観念の導入はその表れの一つに過ぎない観念型表象主義的知覚論に対して、第一節でみたように知覚のヴェール説批判を展開した。しかし、知覚のヴェール説批判は観念型表象主義的知覚論である観念説に対する批判の一つに過ぎない。リードは少なくとも次の引用箇所が示すような二つの批判をおこなっていた。

われわれは以前に次のことを観察する機会があった。デカルトの時代から哲学者たちは、心の能力を扱うにあたって、人類の常識が彼ら〔人びと〕に区別させ、すべての言語で異なった名前を持っている事物を多くの事例で混同してきたということである。それゆえに外的対象の知覚の場合に、すべての言語は三つの事物を区別している。知覚する心、知覚と呼ばれる心の働き、そして知覚される対象である。これらの三つのものが違う事物であり、関係しているとはいえ決して混同されてはならないものであることよりも哲学を学んでいない人にとって明らかなものはない。すべての言語の構造はこの区別を前提しており、その上に作られている。哲学者はこの過程に第四のものを導入し、それを対象の観念と呼んだ。それは対象の像あるいは表象物だと想定さ

れ、直接の対象だと言われるのである。（Reid 2002：163）

そして彼〔ロック〕はバークリ主教やヒューム氏やほかの多くの最近の哲学者が観念をあつかうときに彼らに従われた。彼らはおそらく、観念についての共通学説によって、この不適切さに陥ったのだろう。その学説は、概念、感官による知覚、そして記憶は、われわれ自身の心の中の観念を知覚する異なるやり方でしかないというものである。〔……〕しかし、どのような哲学理論であっても、人々に言語を破壊させ、常識と共通の言語が人々に区別するように教える心の働きを、一つの名前のもとで混同させるとき、その理論を信頼するべきではない理由となるのである。（Reid 2002：298）

一つ目の引用が示すように、観念説が孕む問題点の一つは将に観念が導入されたことである。リードによれば知覚には三つの要素がある。知覚する心、知覚作用、そして知覚の対象としての外界の対象である。もちろんリードは観念説を物質世界と心という双方向で考えているので、心を反省する心、反省作用、対象としての心それ自体と考えてもよい。これら三つの要素に加えて、そもそもそんなものは存在しない「第四の」要素である観念を加えている点に問題があるとされている。

二つ目の引用で問題とされているのは、概念、感官による知覚、記憶の混同である。概念を用いた論理的な思考、感覚による知覚、記憶しそれを呼び起こすことはすべて心の働きではある。だがそれらはさまざまな特徴をもつ異なった働きであり、観念説がすべての観念とその知覚という一つの働きに還元する点が問題であるとされている。(7)

（7）この論点は逆に考えれば、観念説がすべての観念とその知覚という一つの心の働きに還元した体系であることを示している。そのような体系だからこそ内的な痛みと知覚情報を同じ観念であると一緒くたに心の中にあるとすることもできた。

観念の導入と観念とその知覚という一つの働きへの還元という問題点はそれぞれにおいて興味深い。しかし、ここで注目をしたいことはこれら二つの批判が共に「すべての言語の構造」や「共通の言語」を基盤としてなされている点である。後に検討するが、このように言語は観念型表象主義的知覚論批判でも重要な役割を果たしている。

このことを念頭に置いたうえで、リードによる言語論についてみていこう。まずは言語の目的である。既にみてきたようにリードは観念型表象主義的知覚論への知覚のヴェール説批判、観念の導入、そして観念とその知覚という一つの働きへの還元という少なくとも三つの論点から観念説を批判する。観念の導入が論点となっていることからも明らかなようにリードは観念という存在を導入することに反対する。そしてプラトン以降に知覚の直接の対象を導入するという問題が連綿と続き、同時代にはそれが観念説として表れたという哲学史観から考えても明らかなように、外界の対象こそが知覚の直接の対象であるという立場を採用する。このように考えるとロックのように言葉によって観念を喚起することで結果として知識を伝達することを言語の目的とすることは当然できない。もちろん観念ではなく、思想の伝達がまったく言語と関わりがないという極端な立場を採用しているわけではないが、それに加えて言語の目的についてはつぎのような言及がみえる。

すべての言語は心の孤独な働き（the solitary operations of the minds）と同じように社会的な働きを表現するのにあっている。後者を表現することが言語の第一の、そして直接的な目的であると認められてよい。他の知的存在者といっさい交際しない人は、言語について考えたりしないだろう。（Reid 2002：69）

心の働きにはもう一つの区分がある。それは、この主題における著述家にずっと見逃されてきたが、自然に実在する根拠を持っているので、見逃されるべきではないものである。心の働きには、まさにその本性から社会的なものと、個人的なものがある。

第一のもの〔社会的な心の働き〕によってわたしは必然的に他の知的存在者との交流を想定するような働きを理解している。自分以外には宇宙に知的存在者がいることを知らなかったとしても人間は理解し、意志することはできるだろうし、把握し、判断し、そして推理することもできるだろう。しかし、その人が情報を尋ね、それを受け取るとき、証言をしたり、他の人の証言を受け取ったり、人に好意をお願いしたり、人の好意を受け取るとき、召使いに命令したり、上官から命令されるとき、約束や契約で誓約するとき、これらは知的存在者との社会的交流の活動であり、孤独では生じない（no place in solitude）。（Reid 2002: 68）

これらの箇所では、孤独な心の働きと社会的な心の働きという対比が基盤にある。この対比の軸は自分の他の知的存在者を想定するか否かであるとされている。想定しなくとも成り立つ理解や推理という知的な活動や意志するという行動は孤独な心の働きであるとされる。対して想定しないと成り立たない証言、命令、約束、契約は社会的な心の働きであるとされている。そのうえで社会的な心の働きを表現することが言語の主要な目的と考えてもさしつかえがないとされている。さらにこの言語の目的はこれまでの識者によって見逃されてきたとして、リードは自身の言語論の特異性を強調している。

これらの箇所は既にみてきたバークリの言語論を彷彿とさせる。それはバークリと同様に他者への行為と言語の関わりが注目されているからだだろう。しかし、シューマンとスミスも指摘するようにこれらの箇所では、言語による行為が他の言語の果たす役割と明確に区別されて扱われている（Schuhmann and Smith 1990）。リードは言葉が伝達ではなくそれ自体で社会的行為を成すことを指摘している。このリードによる先駆的発想をふまえれば、リードによる言語論における言語の目的は「言語行為論的目的」と呼ぶことができるだろう。

またバークリとの比較で気になるのは「孤独な」という文言である。既にみてきたようにバークリでは「孤独な哲学者」で自身の心の内の観念のみに注目する立場が表現されていた、これらの箇所の孤独な営みはそれを彷彿とさせる。実際にリードは孤独な心の働きについてつぎのようにも述べている。

父、兄、友人と私が呼ぶものは、私自身の心の中の一片の観念でしかない。そして、それらは私の心の中の観念なので、それらが私自身の心に対して持っているような関係を、おそらく他の人の心に対して持つことができない。それは、私によって感じられている痛みが、他の人によって感じられる個々の痛みではありえないのと同じである。私自身や、父や兄や友人や同国人といったような他の知的存在者がいるということを結論づけるための蓋然的な根拠だけでも与えてくれそうないかなる原理も、私はバークリの体系に見出すことができないのである。私は、デカルトの信奉者たちがその哲学によって導かれたと言われている独我論という孤独な状態で、全世界における神の唯一の被造物として一人取り残されるのである。（Reid 2002: 147–148）

ここでリードはバークリ哲学への批判として、それが他人への懐疑論として独我論、正確に言えば神と自分のみがいる状態に陥るのではないかという懸念を表明している。多くの論者が指摘するように、バークリにとって神は他の心の一類型である。そうすることで神の超越性が果たしてうまく処理されうるかという批判はあるにせよ、神の存在と他人の存在は同じ天秤にのっており、一方を認めて一方を認めないことはできないと考えることができる。そのためにこの箇所でのリードによるバークリ哲学解釈は判然としない(8)。

それは置くとして、この箇所ではもちろん独我論的な存在であるという意味で孤独であると主張されている。しかし、バークリにおける孤独な哲学者と同様に自分の心の内の観念にのみ注目するという内実が強調されている。そして「デカルトの信奉者」という表現で、このような孤独な状態はバークリに特有ではなく、観念説が陥る懐疑論的状況の一つであることが示唆されている。既に引用した箇所で直接の対象を導入するという意味で、観念説を一つの表れとする問題を抱えた知覚論は「プラトンの地下洞窟とロック氏の暗い小部屋はこれまで発明されたすべての知覚の体系」で認められるとされていた。このことを考え合わせると言語行為論的目的が「著述家にずっと見逃されてきた」理由は観念説に代表される観念型表象主義的知覚論が孤独な状態に陥りやすいからであるとも考えることができる。

リードによる言語論は少なくともつぎにあげる二つの特徴をもっているとまとめることができる。一つはすべての時代のすべての言語に共通する構造があり、その共通する構造に基づいて哲学説の正否を決定できるという特徴である。そしてもう一つは社会的な心の働きを反映する言語行為論的目的をもつという特徴である。これら二つの特徴には一つの共通点がある。それは既に指摘したようにそれらが「すべての言語の構造」や「共通の言語」を基盤として選択された哲学説であるという点である。この点についてつぎの引用をみていくことにしよう。

> すべての言語の構造や文法がそのうえに築かれているある人類の共通の意見がある。これらの意見はすべての人々に共通していて、地球上に見出されるすべての言語には大きな類似性が見出される。[……] すべての言語における構造のこの類似は、その上に言語の構造が作られている人々の意見の点での画一性を示しているのである。(Reid 2002: 36)

この箇所ではすべての言語には類似性があるとされている。そしてその類似性は人々の意見の一致に基づいているとされている。だからこそ観念の導入と観念とその知覚という一つの働きへの還元という問題点でもそうであった

(8) たとえばBerman (1994) 等を参照。

ように日常的な言語使用に基づいて哲学説を選択することができるのである。このすべての言語の深層に普遍的な構造を想定し、それと人間が生得的な能力をもつという発想はよく指摘されるようにチョムスキーに代表されるデカルト派言語学的発想であると言えるだろう（Turri 2014）。また日常の言語使用に注目するという点で日常言語派に共通する発想もみてとれる（Jensen 1979）。

こういった先駆的発想に加えて、リードはこのすべての言語の構造の共通性の基盤となる人々の能力の共通性が結び付けられていることは、以下に引用する常識の定義からも明らかであるだろう。

常識とはわたしたちが語り合い取引をしたりする人々に共通する程度の判断能力のことである。（Reid 2002：424）

この箇所で常識は判断能力であるとされている。そしてそれは語り合い取引をするという日常生活を共に送るのに必要な程度に人々に共通する判断能力であるとされている。だからこそそれは広い意味でのデカルト派言語学や日常言語派の発想を含んでいることになる。

つぎに言語行為論的目的についてみていくことにしよう。言語行為の具体例の一つとしてリードは質問という言語行為を挙げる。その質問について以下のように述べる。

子供が乳母に質問するときに彼の心の働きは質問したことを知りたいという欲望だけでなく、乳母が知的存在者であり、自分の思考を伝達でき、そして彼女の思考を自分に伝達できる者であることを前提としている。それほど早い時期に、どうしてこの確信を得るようになるのかということは、人間の心の知識において重要な問題であり、それゆえ哲学者の考察に値するものである。（Reid 2002：69）

ここでは言語行為がそもそも行えるための前提条件が分析されている。質問という言語行為をするためには思考の伝達が可能である知的存在者の存在の確信が不可欠となる。リードも指摘しているが、そうするとその確信がどのように得られるかが問題となる。偶然的真理についての常識判断の具体例としてリードはつぎの判断を挙げている。

存在に関するもう一つの第一原理は、わたしたちが語り合う身近な人びとには、生命と知性があるということである。子供が質問したり、あるいは質問に答えたりすることができるようになれば、そして愛情や憤りや、他の何らかの情愛のしるしを示すようになれば、彼らは自分たちが交流している人々が知的な存在者だと確信しているに違いない。(Reid 2002：482)

この引用から明らかなように言語論的目的はその基盤として、社会的な心の働きの基盤となる常識的判断があるといえる。

おわりに

思えばロック哲学は一七世紀以降の英語圏の哲学に巨大な影響を及ぼした。本章であつかったバークリとリードは共にロックから大きな影響を受けつつ、そこから離脱することで自身の哲学を描いていった。バークリにとってトランドによってロック哲学が利用されキリスト教から神秘が消し去られることは大きな危機であっただろう。それを避け、しかも先行するアイルランドの哲学者のように神秘を比喩として捉えるのでもない道を模索することは、トランドと先行するアイルランドの哲学者たちが前提とするロックによる言語論からの離脱を促すこととなった。具体的には言葉がもつ情緒や行為を促すという側面に注目をして、観念を基盤としない記号使用の可能性を開いた。また言葉の濫用による観念の誤認を防ぐために、哲学説の影響を受けていない人々の意見としての常識を哲学説選択の基準とした。

リードは眼前に物質的世界が存在しないという懐疑主義や心と物質的世界が存在しないという懐疑主義が展開された状況で哲学者として歩みだした。それらの懐疑主義が観念説という同じ根をもつことを発見し、その問題点を直接の対象と間接の対象に知覚の対象を分けることに置いて批判をした。その過程でリードは言語がもつ社会的働きを発見した。そしてその批判も社会的働きも常識に基盤を置いていることを明らかにした。

『知性論』では「常識」という言葉はほとんど使用されていない。これに対してバークリやヒュームは哲学者とそうでない一般人が生活を営む社会を前提に自身の哲学を位置付けるなかで常識概念を錬磨していったと考えることができる。

文献表

バークリに関する引用は以下全集から著者が訳出した。引用箇所については以下のように示した。『人知原理論』及びその序論は『原理論』節数あるいは『原理論』序論節数。『人知原理論』「序論」草稿は全集の頁数。『アルシフロン』は対話数と節数。ロックの『人間知性論』からの引用は『知性論』巻数．章数．節数で示した。

Berkeley, G.（1948–1957）*The Works of George Berkeley, Bishop of Cloyne*, A. A. Luce and T. E. Jessop（ed.）, Thomas Nelson and Sons.

Berman, D.（1994）*George Berkeley : Idealism and the Man*, Oxford : Oxford University Press.

――――（2005）*Berkeley and Irish Philosophy*（Continuum Studies in British Philosophy）, London : Continuum Press.

Bennett, J.（1971）*Locke, Berkeley, Hume : Central Themes*, Oxford : Oxford University Press.

Dawson, H. (2007) *Locke, Language and Early-Modern Philosophy*, Cambridge : Cambridge University Press.

Jensen, H. (1979) "Reid and Wittgenstein on philosophy and language," *Philosophical Studies*, 36 : 359–376.

Locke, J. (1979) *An Essay Concerning Human Understanding*, Peter H. Nidditch (ed.), Oxford : Clarendon Press.

Mandelbaum, M. (1964) *Philosophy, Science and Sense Perception : Historical and Critical Studies*, Charles Village, Boltimore : Johns Hopkins University Press.

Ogden, C. K. and Richards, A. (1923) *The Meaning of Meaning : A Study of the Influence of Language upon Thought and of the Science of Symbolism*, New York : Harcourt Brace.

Reid, T. (2002) *Essays on the Intellectual Powers of Man*, Derek R. Brookes (ed.), Edinburgh : Edinburgh University Press.

Schuhmann, K. and Smith, B. (1990) "Elements of speech act theory in the work of Thomas Reid," *History of Philosophy Quarterly*, 7 : 47–66.

Turri, J. (2014) "Reid on the priority of natural language," *Canadian Journal of Philosophy*, 41 (S1) : 214–223.

Yolton, J. W. (1984) *Perceptual Acquaintance from Descartes to Ried*, Minneapolis, Minnesota : University of Minnesota Press.

Williford, K. and Jakapi, R. (2009) "Berkeley's theory of meaning in Alciphron VII," *British Journal for the History of Philosophy*, 17 (1) : 99–118.

冨田恭彦（二〇一五）『観念論の教室』筑摩書房。

（野村智清）

第三章

トマス・リードとスコットランド常識哲学の誕生

はじめに

常識の哲学といえば、哲学史上では一八世紀啓蒙期を代表するスコットランド常識哲学のトマス・リードと言ってもいいだろう。一般に、哲学といえば常識を疑うことを眼目とするのが常であるが、リードの場合、むしろ常識に根差した哲学を目指しており、ある意味においては「常識を疑う哲学」という常識に対してメタ的な疑いをもって常識を擁護しようとしたと言ってもいいだろう。

それでは、果たしてリードが常識哲学を展開する動機となったのは何か。少しでもイギリス哲学史に詳しい方なら、まずは懐疑主義者ヒュームへの批判を思い浮かべることだろう。そして、その射程はヒュームに限らず、近世哲学に支配的であった観念説全体に向けられている。本章では、観念説批判そのものを直接扱うことはしないが、リードの常識哲学の核となる常識概念の内実に迫りたい。また、リードは道徳哲学にも視線を向け、イングランド主教ジョゼフ・バトラーから直接継承したと思われる「良心」の理論を常識哲学と類比的に説明しようとしていた。本章では、リードの常識原理を説明した後、人間の道徳的能力としての良心がいかに説明されているかについても見ていきたい。

第一節　ヒューム批判と常識学派の誕生

スコットランド常識哲学はデイヴィッド・ヒュームの著作から動機づけられていることは間違いない。常識原理に関して最初にスコットランドで著された著作は、ヘンリー・ヒューム、後のケイムズ卿による『道徳と自然宗教の原理 *Essays on the Principles of Morality and Natural Religion*』（一七五一）であった。ケイムズは、たとえば「自然の光（light of nature）」「我々の本性の必然性（necessity of our nature）」「自然な知覚と感情（natural perceptions and sentiments）」「直観的知覚（intuitive perception）」などの用語を用いることでヒュームに対抗しようとしていたのだった。[1] その後、ジョージ・キャンベルの『奇蹟論 *A Dissertation on Miracles*』が一七六二年に刊行され、続いてトマス・リードの『常識原理に基づく人間の心の探究 *Inquiry into the Human Mind on the Principles of Common Sense*（邦題：心の哲学）』が刊行されていった。

E・モスナーの伝記によると、ヒュームの同時代人は誰もヒュームのことを理解しなかったという（Mossner 1980: 286–300）。リードは最初の著書『心の哲学』を牧師であり文人のヒュー・ブレアを介して、草稿段階でヒュームに読んでもらっているのだが、その書簡のやり取りでヒュームはリードに文体についての指摘しかしていなかった（Sinclair 1995; Somerville 1998 など）。モスナーはこれを、リードがヒュームを十分に理解していなかったという証拠としている（Mossner 1980: 299–300）。

近年のヒューム研究では、ヒュームはピュロン主義のような過激な懐疑主義を斥け、穏和な懐疑主義を取っているという解釈が通例になり、その解釈をもとにすると、リードをはじめとする常識哲学者たちはヒュームを誤って過激な懐疑主義者として批判したと語られることがしばしばである。しかしながら、ポプキンをはじめとする解釈系列によると、ヒュームはあくまでピュロン主義の伝統に属しているという解釈も継承されてきた（Popkin 1980）。ヒュームの懐疑論の構造は、端的に言うと、懐疑論に陥ってもなお自然的信念を保持するが、しかしそうした信念もまた正当化されたものではないというものである。リードは『心の哲学』の序文で「『人間本性論』の著者」（つまりヒューム）を指すときに、ピュロンを引き合いに出して嘲笑している。ピュロンは懐疑主義の哲学を徹底したが、友人たちはさほど懐疑主義ではなかったので友人たちがピュロンに危害が及ばないように注意したとか、あるいはピュロンは両輪人に激怒したといったエピソードを交えて、リードは懐疑主義を嘲笑しているのである（IHM：20–21）。同じくして、ヒュームもまた、俗人の信念に戻っていき、懐疑主義を数頁と維持できていないとリードは嘲笑する（*ibid.*）。事実、ヒュームは『人間本性論』第一巻の最後の懐疑論を経ても、第二巻以降ではまるで懐疑主義がなかったかのように第一巻で懐疑の対象になっていた諸能力への信頼を取り戻しているように見える。要するに、リードの常識哲学の立場からすれば、懐疑主義者は理論的にというよりも、実践的帰結において危険であるとされ、しかも懐疑主義者でさえ、実践においてはその立場を一貫して保持できないという批判をしているのである。

とはいえ、ヒュームは自らの懐疑主義の実践上への危険性には気がついているように思われる。実際、『人間本性論』刊行後の『人間知性研究』（一九四八）では、ピュロン主義が「社会に対する持続的な善あるいは利益」（EHU）にとって有害であると論じている。『人間知性研究』は常識哲学者のような批判を予期したものであるとされてお

（1）Kames（1751/2005）（ケイムズ 二〇一六）128（一七八）、129（一八〇）、189（二六三）、190（二六四）、194（二六九）、207（二八四）、209（二八七）、216（二九六）、217（二九九）「自然の光」：117—118（一六四—一六五）、158（二一九）、207（二八四）「我々の本性の必然性」：189（二六二）「自然な知覚と感情」：117（一六四）、120（一六八）、215（二九五）、221（三〇四）、222（三〇六）、232（三二一）「直観的知覚」など（Harris 2018：150, n1）

り（Harris 2018：159）、こうした文句もまた、ヒューム自らがピュロン主義ではないとする表明のようにも見えるが、他方で実践上の帰結に訴えるのはいわば道徳主義的誤謬とも言える奇妙な文言だろう（澤田 二〇二四：二〇七）。

一七六四年にいたって、リードはヒュームを現代のヒューム研究で言うところの「穏和な懐疑主義者」と理解しただろうか。否、そうとは言えないだろう。たとえば、ヒュームは外的物体についての信念をめぐる議論（『人間本性論』第一巻第四部第二節）において、素朴実在論を取る「俗人」と二重存在説を取る「哲学者」の見方を区別し、最終的に哲学者の二重存在説を否定しているように見えるが、しかしヒュームはその後も哲学者の二重存在説を取り続ける読者に向けて著述しているように見える。つまり、ヒュームは観念説の議論を捨て去っていないのである（澤田 二〇二一：第四章）。リードはヒュームが一貫して懐疑主義に陥る運命にあり、また陥ってもなお観念説を取り続けていることに対して批判の目を向けているのである（IHM 23）。ヒュームの『人間知性研究』にいたってもなお、観念説を取っている限りでは同じく批判にさらされる運命にある。

第二節　トマス・リードの常識論

まず、リードが常識という語に与えている意味合いについて考察しよう。常識は、『人間の知的能力試論』（以下、『知力論』）第六論考第二章「常識について」の中で次のように示される。すなわち、「共通言語では、感覚はいつも判断を含意する。分別ある人（a man of sense）は判断力のある人（a man of judgment）のことである。良識（good sense）とは良い判断（good judgment）のことである。常識とは、われわれが会話したり取引したりすることのできる人間と共通する程度の判断のことである」（EIP. VI.6：I.421b）。また、「[……] 哲学者はしばしば別の意味で使用するけれども、感覚とは、その最も共通の、またそれゆえ最も適切な意味では、判断を意味する。このことから、常識が共通の判断を意味しなければならないと考えるのは自然である」（EIP. VI. ii: I. 423a）。さらに、人間が「処世における共通の思慮によって行為することができる」（EIP. VI. ii: I. 422b）程度の知性があれば、同様に「自明であることがら、判明に理解することがらにおいて、何が真で、何が偽であるかを発見することができる」（*ibid.*）とも言われており、常識概念に実践的な含みが見られる。以上の言い回しから、常識とは、共通の判断または共通の思慮であり、真偽の判断と実践上の判断であることがわかる。

　リードは、哲学史上常識とは何かが真剣に問われることは滅多になかったと述べつつも、アンソニー・アシュリー＝クーパー第3代シャフツベリ伯爵が例外的にそれを真剣に問うた者であるとしてその名を挙げる。リードはシャフツベリから常識の用法を探っており、その際「センスス・コムニス――機知とユーモアの自由論――」を援用する。リードの引用によると、「もし……センスという言葉で、われわれは意見や判断だと理解し、コモンという言葉で、人類の大多数、かなりの部分だと理解することになれば、常識の対象がどこにあるかを発見するのは困難かもしれない」（EIP. VI. ii: I. 423b）[2]。友人に向けた紳士の文章という体裁が取られているこの論考では、常識の権威に対して言われうる一切の反論に対して応答し、その言葉の意味の完璧な説明とともにその権威の正当化が試みられている。そして、リードはこの論考から、⑴機知、ユーモア、笑い（ridicule）の使用の正当化、⑵常識が懐疑的発話においてそう表現されるほど曖昧で不確実ではないという主張を読み取っている（EIP. VI. ii: I. 423b–424a）。

　リードは常識を「共通の判断」だと述べているが、この判断が具体的に何を指すのかはリードの言い回しだけ見ても曖昧である。ウォルターストーフはこの曖昧さに注意しつつ、「共通の判断」で意味しうることを想定可能な限りで、以下の候補を挙げる（Wolterstorff 2001: 219）。

（2）Shaftesbury, *Characteristicks*, vol. 1: 50

一．常識とは、われわれ皆が共通して共有する信念形成の諸能力から構成される。常識という個別の原理は、それら共有された諸能力の一つである。

二．常識とは、人類共通に判断され、または信じられている諸命題から構成される。常識という個別の原理は、共有された諸信念の総計の中の特定項である。

三．常識とは、われわれ皆が共通して共有する諸信念を生み出す共有された諸能力から構成される。

ウォルターストーフの想定した三つの候補（W1～W3と表記）によれば、常識は判断能力であるか（W1、W3）、それとも判断された命題か（W2）に区別でき、またそのなかでも個別の原理として捉えるのか否か（W1、W2）、一般的な原理として捉えるのか（W3）が問題となる。尤も、リードの文言では、そもそも判断は「命題でのみ表現されうるもの」（EIP VI.i: I.414a）とされており、判断能力を行使することは命題を表現することと同義である。そのため、能力か命題かに区別すること自体にそれほど正当性がないのではないかとの疑問も浮かぶだろうが、その点は後に改めて考察するとして能力とするか命題とするか、それぞれ検討しよう。

まずは、常識を判断の能力とする解釈についてである。リードの用法では、「能力 *faculty* という言葉は、根源的で自然である心の力、心の構造の一部をなす心の力にもっとも適切に適用される」（EIP I.i: I.221b）。これと併せて、常識が能力として使用されているように思われる文脈は以下のように提示できる。

> この内的な光または感覚は天上により様々な程度で様々な人物に与えられる。われわれが法や政府の臣民になって、自分自身の業務を取り扱うことができて、われわれが他者に向けるふるまいに応答できるために必要な、一定程度のそれ〔内的な光・感覚〕がある。これが常識と呼ばれる。なぜならそれは、われわれが取引できて、自分たちのふるまいを説明するよう呼びかけることができるすべての人々にとって共通するからだ。

（EIP, VI. ii: I. 422b）

レッシャーは、スコットランド常識学派の歴史的主流は常識を能力心理学（faculty psychology）の枠内で捉えることだったと指摘する（Rescher 2005: 13-14）。この潮流を考慮するに、リードもまた常識を心を構成する諸能力の一つとし、独特の能力と見なしていた可能性がある。ところが、レモスは、常識を本当にそれ自体で独特の *sui generis* 能力だと考えていたかどうかは明らかではないと疑問を投げかける（Lemos 2004: 8）。実際、常識は「理性の一分野または一等級を表すもう一つの名前にすぎない」（EIP, VI. ii: I. 425b）と言われ、理性の一部として位置づけているにすぎないように見える。ここから、常識は理性の能力のうちの特定の役割のみを指し示すとは言えても、それが独特の能力である可能性（W1）は斥けられる。一方で、理性の一領域であるが、われわれすべてが共通に抱いている信念を形成する判断能力であるという可能性は残る（W3）。

次に、常識を命題だと捉える見解について検討しよう。この路線を取るイェンセンは、常識の命題を以下の三つ、すなわち(1)共通して信じられている、(2)自明である、(3)われわれの成り立ちによって強制される、の三つの特徴を備えていると主張する。[3]

まず、(1)「共通して信じられている」に関しては、「人間にとって共通」という文言以上に論じる必要はないだろう。次に、(2)の自明性という特徴について、リードの公式的な「常識」の定義を改めて見てみたい。「われわれは理性に二つの職分、あるいは二つの等級を帰する。一つ目は自明な物事について判断を下すこと、二つ目は自明

（3）Jensen（1979）. また、先行研究ではリードとウィトゲンシュタインの共通性を指摘するものが多く、その多くがウィトゲンシュタインの「世界像（shared world picture）」概念との類似性から、リードの常識を命題として扱う（Harré and Robinson 1997; Wolterstorff 2001; 大谷 二〇一七）。

であることから自明でない結論を引き出すことである。これらのうち一つ目が常識の領域であり、唯一の領域なのである」(EIP. VI. ii : I. 425b)。先に、常識は独特の能力というわけではなく理性の一職分であると述べたが、この引用ではとりわけ「自明な物事 things self-evident」について判断を下すことが常識の領域だと明示される。

さらに、ここで「自明的 self-evident」という言葉について少し掘り下げてみたい。自明性とは端的に、「理解されるや否や信じられる。判断はそれらの理解に必然的に伴う……その命題は他の命題から演繹または推理されない。命題はそれ自体で真理の光をもち、その光を他から借りてくる機会を何ももたない」(EIP. VI. iv : I. 434b) といった文言で示される。つまり、「自明な物事」とは、「他の命題から演繹または推理されない」命題であり、「それ自体で真理の光をもつ」命題のことなのである。なるほど、「自明な物事」である命題とは推理によらない信念であることは理解できようが、しかし推論によらない信念すべてが「自明な物事」としての命題というわけではないだろう。ここで、リードが判断力に設けている重要な区別を見てみたい。「われわれの判断の最も重要な区別の一つとは、一方が直観的 intuitive であること、もう一方が論拠 argument に基づいていること、である」(*ibid.*)。すなわち、判断には直観的判断と論証的判断の区別が認められよう。常識にかかわってくるのは前者の直観的判断であるが、自明な判断とはされていない点は多少の注意を要する。つまり、自明性という特徴はあくまで判断内容について言われるのであって、判断そのものに付される特徴ではない。かくして、直観的判断が下した命題内容こそ、「第一原理 *first principles*、常識の原理 *principles of common sense*、共通の思念 *common notions*、自明な真理 *self-evident truths*」(*ibid.*) と言われるのである。

最後に(3)「われわれの成り立ちによって強制される」という特徴についてであるが、次の引用を見てみよう。

もし、私はそれがあると考えるように、われわれの本性の成り立ち (the constitution of our nature)[4] がわれわれを導いて信じさせ、われわれがそれらに理由を与えられなくても、共通の生活関心において当たり前だと思う必然性のもとにある特定の原理がある。これらをわれわれは常識の原理と呼ぶ。そしてそれらに明らかに反するものをわれわれは不条理と呼ぶ。（IHM II. vi：33）

この引用では、常識とは、「われわれの本性の成り立ち」によって信じることを余儀なくさせられる「特定の原理」とされる。常識の原理には「当たり前だと思う take for granted」必然性のもとにある原理という説明が与えられているのだが、この原理は能力そのものというよりは、「われわれの本性の成り立ち」によって備わった能力がわれわれに信じさせる内容について言及していると考えられる。

以上でリードにおける常識概念について、能力という側面と命題という側面の両方をそれぞれ検討した。その内実は、理性の二つの職分のうちの一方である直観的判断である（W3）のと同時に、直観的判断によって下された自明な命題（W2）の可能性が残り、独特の能力としての理解（W1）は斥けられる。ここで再度、常識を能力とするか、命題とするかという議論自体の妥当性に立ち戻って検討したい。この検討にあたって注意したいのは、リードが「常識」とのみ表記する場合と、常識の「命令（dictates）」や「原理」と表記する場合を厳密に区別しているように思われる点である（EIP VI. iv：I. 434b, 439a, EIP VI. v：I. 442b, 443a, EAP III. iii. vi：I. 591a, etc.）。とりわけ、「命令」という言い回しについては、「われわれの自然な能力の直接的命令 the immediate dictates of our natural faculties」（EIP VI. iii：I. 431a）という表現が見出される。したがって、リードが「命令」、「原理」といった言い回しをせずに「常識」とだけ表記している場合、能力を表現している可能性があると思われる。

（4）'constitution' の訳語であるが中元、上枝らが「成り立ち」という訳語を当てているため、本章でもそれに従った（中元 二〇一九：グレコ 二〇二〇：一三五）。

とはいえ、この判断能力はそれによって表現される命題と不可分であることも看過してはならない。リードは、判断能力を扱う際、それを事物の「単なる把握 simple apprehension」や「むきだしの概念 the bare conception」と厳格に区別する（EIP VI. i: I. 414a）。後者の把握や概念は一単語ないし複数の単語の並びで表現されはするが、完全な文を作らない。それに対して、判断は命題でのみ表現される。加えて、判断も概念・把握も共に「心の作用 operation/act of mind」（EIP VI. i: I. 413a, 414a, etc.）ではあるが、「あらゆる作用は作用する存在における力を想定する」（EIP I. i: I. 221a）と言われている。つまり、何かが作用しているということは、そこに能力が発揮されていることと同義であるということである。それゆえ、判断が命題で表現されるものである以上、ある人が命題で何かを表現しているならば、その人は判断能力を行使しているということになるのである。なおかつ、常識の場合で言えば、「自明な」命題、もしくは「他の命題から演繹または推理されない」命題を表現していれば、その表現自体が常識の能力を発揮しているものと見なされるのだ。

とはいえ、判断能力が偏見（prejudice）に歪められて「錯誤 error」に陥る可能性は認められている（e.g. Reid, EIP VI. viii: 468b–475b）。だが、リードの哲学にとってより深刻なのは、常識に反する懐疑主義者の存在である。リードの診断によれば、懐疑主義者は判断や推論において錯誤を犯しているわけではなく、むしろ「不条理 absurdity」に陥っているとされる。リードの常識哲学の枠内で不条理がどういった位置づけをもつのかについて、懐疑主義批判と併せて次節で考察したい。

第三節　トマス・リードのヒューム懐疑主義批判

リードが自らの常識哲学を確立するにあたり、主たる批判対象として設定していたのは「観念体系 *ideal sys-*

tem」(IHM, I. vii: 22)であり、デカルトに始まりマルブランシュ、ロック、バークリ、ヒュームへと続く「デカルト的体系 *the Cartesian System*」(IHM, VII: 208)である。この「観念体系」は懐疑主義の脅威が背後に迫るのが常であった。デカルト、マルブランシュ、ロックは「自己」の存在を証明するために、思考の存在や意識、記憶の存在によって「自己」つまり私を証明しようとしたが、いずれも懐疑主義は免れなかった(IHM, I. iii: 16–18)。そして、ロックは物の世界を証明するために、一次性質と二次性質の区別を設けて、外的対象の存在と心的知覚のなかにしかないものとを区別することによって、物の世界と心の世界の峻別を試みた(IHM, V. vii: 67–72)。だが、バークリは、一次性質(延長、固さ、運動など)が二次性質すなわち触覚なしには得られず、触覚と物の世界のあいだには類似性が認められないことを証明し、物の世界を否定するに至った(*ibid.*)。バークリは物の世界を斥けてもなお、自然のなかにはわれわれの心および観念のほか何も存在しないという確信のもと心の世界だけは保持できると考えたのに対して、ヒュームは心の世界さえも放逐し、自然のなかには印象と観念以外には何も残らないと結論づけた末、「自己」および「主体」の概念さえ残さなかった(IHM, I. vii: 23, V. vii: *op.cit.*)。リードはこの観念の道から帰結する自己と外的物体の否定を常識に反するテーゼだと考え、自らの常識哲学を構築するのである。(5)

(5) K・レーラー、J・ホールデンによると、リードによる「観念の道」批判は「心の表象理論(Representationism Theory of Mind)」批判として評価され、特にホールデンはリードの議論とトマス・アクィナスの議論を比較しスコラ哲学の理論との類似性を指摘している(Lehrer 1989; Haldane 1989)。他方、R・ステッカーはリードの観念説批判が必ずしも表象主義批判に通じるとは考えないが、ホールデンはそれに反論を加えている(Stecker 1992; Haldane 1993)。リードは心——心の活動——活動の対象という関係で理解されるべき認識活動に対し、この認識活動に関わる限りでのみ観念(印象)を認めながら、心と対象との直接的交渉を肯定している。リードはトマスによる「スペキエス」概念を心と対象の媒介項として解し、ロック、バークリ、ヒュームの考える観念と同一視して否定しているが、リードによるスペキエス概念理解には誤解が見られるという(稲垣 1990, ch. 5: 130–135)。

尤もリードは、バークリやヒュームによって進められた推論そのものの妥当性を疑ったわけではなかった（IHM, Dedication：4）。それどころか、観念体系から出発して正しく推論した結果、正当な結論を導き出した者としてヒュームを高く評価しているのである。とはいえ、リードが残念に思っていたのは、ヒュームが懐疑主義を徹底させたにもかかわらず、結局は「観念体系」を捨て去ることができなかったということであった（IHM, V. vii：70–71）。

以上を踏まえて、リードが常識哲学の立場から展開した懐疑主義批判を見ていこう。前節で見たように、常識は能力としての側面と命題としての側面をもつ。特に後者の側面について言えば、直観的判断能力によって下された命題である第一原理は常識の原理とも言い換えられるのだが、これは「偶然的真理 contingent truths」と「必然的真理 necessary truths」とに区分され、特に前者が常識哲学の方法に即した哲学的探究の基礎となる。必然的真理の第一原理はその反対が不可能であるような真理のことであるのに対し、偶然的真理とは意志や力の影響に依存し、始まりと終わりをもつ真理のことであるとされる（VI. v：I. 441b）。これら第一原理をすべて列挙はしないが、観念体系で問題とされた自己、意識、記憶、感覚知覚などの概念の存在に関わる原理のみを紹介する。

(1) 第一に、……私は、自分が意識するすべてのものの存在を、第一原理だと考える。

(3) もう一つの第一原理だと私が捉えるのは、私が判明に記憶している物事は本当に起こることである。

(5) もう一つの第一原理は、われわれが自分たちの感覚によって知覚する事物は本当に存在するのであり、われわれがそれらはあると知覚するものである。

（EIP, VI. v：442b–445b, 番号は第一原理の順番）

これら三つの原理により、リードは理性のみならず、意識、記憶、外的感覚の証拠[6]をいずれも自明なものとして認めていることが見て取れる。リードの文言では、かなりの懐疑主義者でさえ意識の証拠だけは認めているにもかかわらず、記憶、外的感覚の証拠を不当に斥けてしまう（EIP. VI. iv: I. 439b）。だが、これらの能力はみな等しく「自然の贈り物」（*ibid.*）であって、これらすべての証拠に関して「一つの証拠を受け入れ、他の証拠に関して等しい力をもたないとするために帰すことのできる良い理由はない」として、そこに序列を設けることには正当性がないとリードは断じるのである。

リードはこれら諸能力の不可謬さについて、第七の第一原理「われわれが真偽を区別する自然的能力は不可謬である not fallible」（Reid. EIP VI. v: I. 447a）として定める。[7] 一方で、事実問題として、諸能力の使用において錯誤に陥る可能性も認められる。だが、その場合でもリードは以下のように述べる。

[……] われわれの理性、われわれの記憶、あるいは自然がわれわれに与えてくれた何か他の判断能力に比べ

---

(6)「証拠」の原語は 'testimony' だが、リードが特殊なタームとして使用している「証言」とは別の意味合いで使用していると考え、訳語を使い分けた。リードの用語では、判断は「孤立的作用 a solitary act」であるのに対し、証言は「社会的能力 a social act」として区別される（Reid. EIP VI. i: 413ab/cf. EIP I. viii: 244a–245b）。後者は、判断の場合の真偽とは違い、証言は本当か嘘（lie）かが問題となり、『活動力論』第五論第六章の約束論へと通じる概念である（*ibid.*/cf. Reid. EAP V. vi）。無論、この文脈であえて 'testimony' という語が使用されている点はより議論の余地がある主題となろうが、本論の筋にはさしたる支障は出ないため、'testimony' を「明証性」とほぼ同義に使用されているものとして処理する。

(7) レーラーはこの原理を第一原理のなかでも最も重要な「メタ原理」であると述べている。もし仮に偶然的真理の第一原理(1)、(3)、(5)はメタ原理から導かれるとすれば、第一原理の証明を認めない性質と矛盾するのではないかという懸念に対して、レーラーは「反省」において他の第一原理がメタ原理への同意から当たり前と思われるだけで、メタ原理から他の原理を導出しているわけではないと応答を与えている（Lehrer 1989: 162–163）。レーラーの応答は些か説得力に欠けるもののように思われるため検討の余地がありそうだが、あくまでリードに即して言えば、本報告で論じる「直接的または必当然的な証明」との関連でさしあたり理解しておくだけで十分だろう。

て、われわれの感覚には謬りがあると説明する理由は何もない。それらはみな制約され不完全であるが、しかし賢明にも人間の現在の条件に適している。われわれはそれらすべての使用において誤りや間違いの判断を犯しやすい。だが推論の演繹におけるのと同様に感覚の情報も少ないのだ。そして、われわれが感覚の対象に関して陥る錯誤が修正されるのは理性によってではなく、われわれが感覚そのものによって受け取る情報により正確な注意を向けることによってなのである。（EIP II. xxii：I. 339a）

このように、感覚能力が誤りを含むことがあっても、理性、記憶、判断のような能力も同様に誤りを含むことがあるため、いずれの能力が誤りやすいといった診断はできず、そのため錯誤のために諸能力の証拠間に優劣をつけることはできない。そして、仮に感覚能力が誤りを犯すとしても、その救済は理性の能力によってではなく、感覚能力そのものに委ねられるのである。

ところで、リードにおける常識の原理または第一原理は、その性質上、証明の余地を認めず、「他の命題から演繹または推理されない」自明性を備えている。そのため、これらの原理に「直接的または必当然的な証明 direct or apodictical proof」を認めるのは第一原理の本性に反する。だが一方で、リードは常識の原理に反する議論の虚偽を暴くための「推論方法 ways of reasoning」（EIP, VI. iv：I. 439a–441a）を認めている。リードは、自明な原理であるはずの第一原理について人々の間で意見の相違がある場合、「真である第一原理が、正当な権限なくその特徴を帯びる原理から区別できる標識や尺度」（EIP, VI. iv：I. 435a）が探し求められるか否かが問題となる。この問題に対し、「自然は、人類の率直で正直な集団が偶々第一原理に関して意見を異にするときに満場一致で止まれる手段をわれわれが欠いたまま放ってはおかなかった」（EIP, VI. iv：I. 437b）。そして、リードは第一原理に関して人々の意見の相違が孕む問題への救済策として、第一原理を証明する推論方法の有効性を認めているのである。常識に反する議論を反駁する推論方法として、以下の五つの方法が提示される（EIP, VI. iv : I. 439a-441a）。

（a）対人論法 *an argumentum ad hominem*
（b）帰謬法 *ad absurdum*
（c）時代や国、学識ある／ない人々の同意があるかどうか
（d）教育や誤った推論結果ではないか
（e）生活上で必要かどうか

前述した偶然的真理の第一原理⑴、⑶、⑸に反して諸能力のうちある一つの能力の証拠だけを認め、他の能力の証拠を斥けようとする懐疑主義的議論に対しては「（a）対人論法」の方法を使用する。この対人論法は、「〔論敵〕が斥ける第一原理が、〔論敵〕の認める他の第一原理と同じ土台に立っている」（EIP, IV. iv : I. 439ab）ことを示すことによって、論敵が同じ根拠で一方の第一原理だけを認め他方の第一原理を斥ける不整合を犯していることを暴く論法である。この論法により、「観念の道」を進んできた近世の哲学者、それも懐疑主義者が意識の証拠のみを認め、記憶、外的感覚、理性の証拠を斥けていることの不整合をリードは暴き出しているのである。[8]

（8）とはいえ、リードの第一原理も確固たる基礎とは言えず、修正可能性がありうるとする解釈もある。詳細は中元（二〇一九）および中元（二〇二三）を参照せよ。

第四節　常識と道徳――第一原理に即して

常識と道徳の関係を考えてみるとき、リードにおいては、常識に基づく判断と道徳的判断とには同じ構造が見られる。道徳的判断は、行為の理性的原理に分類される道徳的能力（良心、義務感ともいう）によって為されるとリードは考えているが、道徳的推論は道徳の第一原理から導出されなければならないとされる（EAP III. iii. vi.: 177）。道徳の第一原理は（一）徳一般に関するもの、（二）徳のさまざまな個別の部門、（三）徳同士が衝突した際に比較するもの、の三種類に分かれている。（一）徳一般に関する第一原理は以下の五つである。

一．人間の行いには、是認や称賛に値するものと、非難や罰に値するものがある。是認や非難の様々な程度は、様々な行為に帰せられる。

二．有意的でないものは、道徳的是認にも非難にも値しえない。

三．不可避的な必然性によってなされたことは快適、不愉快、有用、有害ではあるが、非難や道徳的な是認の対象にはなりえない。

四．人間はすべきでないことをしたときも、すべきだったことをしなかったときも高度に責めるに値する。

五．われわれは道徳的指導に真面目に注意することで、義務についてよく知らされうる最善の手段を用いるべきである。

六．我々が知る限りで自分の義務をすること、そしてそこから逸脱するあらゆる誘惑にも反して自分の心を強くしておくことに最も深く関心をもつべきである。

（EAP V. i: 271）

（二）、（三）の第一原理を一つひとつ見ていくことは紙幅の都合上できないが、たとえば（三）の徳の比較については、値しない寛大さよりも感謝を優先し、値しない寛大さと感謝よりも正義を優先すべきであるという優先順位をリードは挙げている（EAP V. i: 276）。

E・クローカーおよびレーラーが指摘するように、リードの道徳的判断には「直接的」な側面と、「経験的」な側面とがある[9]。道徳の第一原理に基づく判断は、常識と同様、自明であり、ある種本能的なものであるが、他方で教育、実例、訓練、推論によって知られる部分もあるというのである。

リードは『人間の活動力試論』第五論第二章「道徳学の体系」では次のように論じている。道徳の第一原理は自明であるにもかかわらず、道徳学は必要である。なぜならば、判断は自明な物事においてさえ、判断する物事について明晰・判明な概念を必要とするからなのであるが、われわれが生まれつきもっている概念は無知ゆえに曖昧である。したがって、いわば道徳の種を生育させるには成熟とともに配慮や涵養が必要になる。そこで、われわれが最初の道徳的概念を得るのは、他人の行動に冷静に注意を向けること、是認や義憤を引き起こすものを観察することによるのである（EAP V. ii: 279–280）。

しかしながら、過去の時代の歴史が示すところによると、学問や技芸によって啓蒙されている国々においては義務について不条理を奉じてしまっているかもしれないとリードは嘆く（EAP V. ii: 280–281）。宗教や道徳における堕落は天からの光を必要とするほど人類のあいだで蔓延し、習慣によって限定されていた。そして、啓示は人間の自

（9）Kroeker（2010: 65）, Lehler（2013: 123–124）, Kroeker（2013: 138–140）.

然的能力に取って代わられるのではなく、それを手助けすることだけが意図されていた。しかし、リードは道徳的真理に与えられてきた注意は、前時代の誤謬や偏見を修正するために大いに貢献してきたことを疑わない。人々は無知ゆえに、道徳的不一致や誤謬に陥りやすいが、しかし道徳学の体系を学ぶことで道徳的進歩が実現するのだとリードは考えるのである。

かくして、リードは常識の立場から道徳について論じるときに、人類の進歩と退歩の両方を見据え、道徳の第一原理に関する知識に進歩の可能性を感じていた。この見方はまさに、啓蒙時代の道徳観とも言えるものであり、常識哲学はまさに啓蒙と分かち難く切り離せない潮流として今なお残り続けているのである。

おわりに

リードの常識概念はもっぱら直観知に委ねられている。ヒュームは推論においては妥当な結論に至ったとされているが、その前提を誤っていた。その前提こそ観念説であり、観念説から妥当に推論すれば懐疑主義に陥ることがリードにはわかっていた。ゆえに、推論能力以前に妥当な前提を措く能力としての直観知を必要としたのである。

道徳においても同様に、道徳的推論の妥当性をチェックする前提として、一種の直観能力としての道徳的能力が命じる道徳の第一原理を措いた。しかし、人間の推論は知識においても道徳においても誤謬に陥りやすいため、他者の行為の観察やコミュニケーションによって直観的判断能力を涵養しなければならない。かくして、他の命題によらないそれ自体で自明とされる真理から出発する常識哲学という営みが生じ、後のデュガルド・ステュワートを始め後継者たちによって一九世紀に至るまで受け継がれていったのであった。

文献表

一次文献

Hume, D.（1739–1740）: *A Treatise of Human Nature*, Selby-Bigge（ed.）, L. A., 1st Ed Oxford Clarendon Press, 1978.

——（2000）*A Treatise of Human Nature*, D. F. Norton, M. J. Norton,（ed.）, 1st Oxford University Press（デイヴィド・ヒューム『人性論』第四分冊「道徳に就いて」大槻春彦訳、岩波書店〔岩波文庫〕、一九四八—一九五二年、デイヴィッド・ヒューム『人間本性論　第二巻　情念について』石川徹・中釜浩一・伊勢俊彦訳、法政大学出版局、二〇一一年、デイヴィッド・ヒューム著作『人間本性論　第三巻　道徳について』石川徹・中釜浩一・伊勢俊彦訳、法政大学出版局、二〇一二年）.

——（1748/1751）*Enquiries Concerning Human Understanding and Concerning the Principles of Morals*, Selby-Bigge（ed.）, 3rd Ed., Oxford: Clarendon Press, 1975.

——（1751）*An Enquiry Concerning Human Understanding*, Tom L. Beauchamp（ed.）, Oxford, 1999（ヒューム『人間知性研究』神野慧一郎・中才敏郎訳、京都大学学術出版会）.

——（1751）*An Enquiry Concerning Principles of Morals*, Tom L. Beauchamp（ed.）, Oxford, 1998, Reprinted 2009（D・ヒューム『道徳原理の研究』渡部俊明訳、哲書房、一九九三年）.

Reid, T.（1764）*An Inquiry into the Human Mind on the Principles of Common Sense*, D. R. Brooks（ed.）, Edinburgh: Edinburgh University Press, 1997（トマス・リード『心の哲学』朝広謙次郎訳、知泉書館、二〇〇四年）.

——（1864）*Philosophical Works*, 2 vols., Sir William Hamilton（ed.）, Edinburgh, German: Georg Olms Verlagsbuchhandlung Hildesheim, reprinted in 1967（トマス・リード『人間の知的能力試論』（上・下）戸田剛史訳、岩波書店〔岩波文庫〕、二〇二二—二〇二三年）.

二次文献

Bow, C. B.（ed.）（2018）*Common Sense in the Scottish Enlightenment*, Oxford: Oxford University Press.

Broadie, A.（2000）"The Scotist Thomas Reid," *American Catholic Philosophical Quarterly* 74: 385–407.

——（ed.）（2003）*The Cambridge Companion to the Scottish Enlightenment*, Cambridge: Cambridge University Press.

——（2007）"Natural law and moral realism: The Scottish synthesis," M. A. Stewart（ed.）, *Studies in the Philosophy of the Scottish Enlightenment*, Clarendon: Oxford University Press, originally printed in 1990.

de Bary, P.（2002）*Thomas Reid and Scepticism : His Reliabilist Response*, London : Routledge.

Greco, J.（1995）"Reid's Critique of Berkeley and Hume : What's the Big Idea?," *Philosophy and Phenomenological Research*, 55（2）: 279–296.

———（2014）"Common sense in Thomas Reid," *Canadian Journal of Philosophy*, 41（S1）: 142–155.

Gellera, G.（2018）"Common Sense and Ideal Theory in Seventheenth-Century," Charles Bradford Bow（ed.）*Common Sense in the Scottish Enlightenment*, Oxford : Oxford University Press : 19–36.

Grandi, G. B.（2008）"Reid on Ridicule and Common Sense," *Journal of Scottish Philosophy*, 6（1）: 71–90.

Haldane, John（1989）"Reid, Scholasticism and Contemporary Philosophy of Mind," in M. Dalgarno. & E. Matthews（eds.）, *The Philosophy of Thomas Reid*, Dordrecht : Kluwer.

———（1992）"Whose Theory? Which Representations?," *Pacific Philosophical Quarterly* 74, pp. 247–257.

Harré, Rom and Daniel N. Robinson（1997）"What makes language possible? Ethological foundationalism in Reid and Wittgenstein," *The Review of Metaphysics*, 50（3）, pp. 483–498.

Harris, J. A.（2018）"Hume and the Common Sense Philosophers," Charles Bradford Bow（ed.）*Common Sense in the Scottish Enlightenment*, Oxford : Oxford University Press : 150–164.

Hutton, S.（2015）*British Philosophy in the Seventeenth Century*, Oxford : Oxford University Press.

Kroeker, E. R.（2010）"Reid on Natural Signs, Taste and Moral Perception," *Reid on Ethics*, Sabine Roeser（ed.）, Palgrave Macmillan : 46–66.

———（2013）"Response to Keith Lehrer : Thomas Reid on Common Sense and Morals," *Journal of Scottish Philosophy* 11（2）: 131–143.

Lehrer, K.（1989）*Thomas Reid*, London and New York : Routledge.

———（2013）"Thomas Reid on Common Sense and Morals," *Journal of Scottish Philosophy*, 11（2）: 109–130.

Mossner, E.（1980）*The Life of David Hume*, 2nd edition, Oxford : Clarendon Press.

Peels, R. and van Woudenberg, R.（eds.）（2020）*The Cambridge Companion to Common-Sense Philosophy*, Cambridge : Cambridge University Press.

Rescher, N.（2005）*Common Sense : A New Look at an Old Philosophical Tradition*, Milwaukee : Marquette University Press.

Popkin, R.（1980）*The High Road to Pyrrhonism*, San Diego：Austin Hill Press, Inc.
Sinclair, A.（1995）"The failure of Thomas Reid's attack on David Hume," *British Journal for the History of Philosophy*, 3（2）：389–398.
Somerville, J. W.（1998）"Whose failure, Reid's or Hume's ?," *British Journal for the History of Philosophy*, 6（2）：247–259.
Stecker, Robert（1992）"Does Reid Reject/Refute the Representational Theory of Mind?," *Pacific Philosophical Quarterly* 73, pp. 174–184.
van Cleve, J.（2015）*Problems from Reid*, Oxford：Oxford University Press.
Wolterstorff, N.（2001）*Thomas Reid and the Story of Epistemology*, Cambridge：Cambridge University Press.
Wright, J. P.（1987）"Hume vs. Reid on Ideas：The New Hume Letter," *Mind*, 96（383）：392–398.
稲垣良典（一九九〇）『抽象と直観——中世後期認識理論の研究』創文社。
大谷弘（二〇一七）「常識と啓蒙の哲学者としてのウィトゲンシュタイン」、『イギリス哲学研究』第四〇号、日本イギリス哲学会、三七—五二頁。
グレコ、ジョン（二〇二〇）『達成としての知識——認識的規範性に対する徳理論的アプローチ——』上枝美典訳、勁草書房。
澤田和範（二〇二一）『ヒュームの自然主義と懐疑主義——統合的解釈の試み——』勁草書房。
——（二〇二四）「隠されたピュロン主義——ヒューム『人間知性研究』第十二節の読解」『哲學』七五号、二〇三—二一六。
菅谷基（二〇一九）「第三代シャフツベリ伯爵『センスス・コムニス——機知とユーモアの自由についての随筆——』」『ＩＣＵ比較文化』第五一号、一一九—一五四頁。
長尾伸一（二〇〇四）『トマス・リード』名古屋大学出版会。
中元洸太（二〇一九）「トマス・リードは可謬主義者か：成り立ちと直観の問題」『人間存在論』第二五号、四九—六〇頁。
——（二〇二三）『トマス・リードの「常識」を読み解く』ナカニシヤ出版。

（小畑敦嗣）

第四章
ウィリアム・ハミルトンの自然な実在論について

はじめに

ウィリアム・ハミルトン（William Hamilton, 1788–1856）は今日ではほとんど忘れられた哲学者である。「J・S・ミルの『ウィリアム・ハミルトン卿の哲学の検討』によって論駁された直観主義者」としてたまに言及されるのみであり、ごくごく一部の研究者を除いては直接ハミルトンの著作を読む人はいない。しかし、ハミルトンは一時期、非常に大きな影響力を持った哲学者であった。実際、そのためにミルはハミルトンを自身のターゲットとして選んだのである。

ブリテン諸島の今世紀の哲学の書き手の中で、ウィリアム・ハミルトン卿ほど高い地位を占めた人物は他にいない。我々の世代およびその先行世代の形而上学者の中で、彼のみが形而上学者としてヨーロッパでの名声を獲得している。我々自身の国においては、彼は人気を失っていた研究への関心を呼び戻す力を持っていたのみならず、自分自身ある意味で思考の一つの学派の設立者となったのである。［……］ハミルトン卿が所属する哲学の学派に関して、我が国ではハミルトン卿がもっとも高い位置を占めていると認められていることが理由となって、この本に含まれている思考と批判を私は彼の名前と著作に向けたのである。(Mill 1979 : 1)

ここで「一つの学派」としてミルが考えているのは、いわゆる「直観主義」のことで、ミルはハミルトンをその影響力の大きな代表として批判の対象に選んだのである。

ハミルトンに「直観主義」というラベルを貼ることが適切かという問題を脇に置き (cf. Mander 2020 : chap. 1)、「スコットランド常識学派」の歴史という観点からすると、ハミルトンはその学派の最後の大物哲学者であるとともに、カントを初めとするドイツ哲学を本格的にイギリスへと導入した——そして皮肉にもイギリスのヘーゲル主義を準備した——哲学者ということになる[1]。前者に関して、ハミルトンはリードとステュワートの著作集を編纂し、またトマス・ブラウンのリード批判に応答しつつ、リード哲学の改良を試みている。後者に関しては、ドイツへの二度の留学を通し当時のドイツの哲学を読み込むと、カント、シェリング、レッシングなどを自身の著作において頻繁に参照している[2]。

ハミルトンの立場は一種の常識的実在論であるが、彼自身はその立場を「自然な実在論 (natural realism)」と呼んでいる。本章ではこのハミルトンの自然な実在論を検討することで、リードに始まる「スコットランド常識学派」が一九世紀に到達した場所を確認することを目指す。具体的には、第一節でハミルトンの生涯を簡単に確認した後、その「無条件的なものの不可知性」テーゼ(第二節)、直接実在論(第三節)、自然な実在論(第四節)を検討する。そのうえで、リードの立場とハミルトンの立場の共通点と相違点を明らかにし、ハミルトン哲学が興味深い論点を含みつつも、リードの洞察から後退していると結論づける(第五節)。

第一節　ハミルトンの生涯

この節ではハミルトンの生涯をごく簡単に紹介する。(3) ハミルトンは、一七八八年にグラスゴーに生まれる。父親は解剖学と植物学の教授であり、またトマス・リードのかかりつけ医であった。ハミルトンは一八〇三年にグラスゴー大学に入学し、卒業後は短期間医学を学ぶものの、一八〇七年には奨学金を獲得してオックスフォード大学に留学し、アリストテレスを研究する。その後は法律を学び、一八一三年にはスコットランドで弁護士となる。その間、家系を調べ準男爵の爵位を申し立て認められている。

一八一七年と一八二〇年にはドイツを訪れ、カントを初めとするドイツ哲学を研究する。一八二一年にエジンバラ大学の市民史の教授となるが、これは非常に待遇の悪いポストであり——給与も一定期間以後は支払われなくなる——ハミルトンは間もなくこのポストを辞している。その後、一八二九年から一八三六年にかけて一四の論文を『エジンバラ・レヴュー』誌に発表する。そのうち三つの論文は哲学の論文であり、これらはスコットランドのみならずアメリカにおいても反響を呼んだ。その結果、ハミルトンは一八三六年にエジンバラ大学の論理学と形而上

(1) スコットランドではハミルトンの死後、エドワード・ケアード、ヘンリー・ジョーンズ、R・B・ハルデインらによってヘーゲル主義が盛んとなり、またイングランドではグリーン、ブラッドレーらのイギリス観念論が支配的となる。W・J・マンダーは、ハミルトン、ミルともに勝者ではなく、両者ともに新しい観念論に過去のものとして無視されたと指摘している(Mander 2020: 11)。
(2) M・キューンはハミルトンを「カント哲学を議論した最初のイギリスの重要な哲学者(Kuehn 1990: 315)」としている。
(3) 以下の記述は主に Graham (2022) に依拠している。

学の教授に就任し、以後、一八五六年の死の直前までそこで教えた。
ハミルトンへの当時の高い評価の重要な部分は、そのエネルギッシュなスタイルから来ている。ヒュームやリード、スミスが活躍した一八世紀が終わり、一九世紀に入るとスコットランドの哲学は停滞しており、たとえば、グラスゴー大学のリードの後任であるジェイムズ・ミルン（James Mylne）はその約二〇年にわたる教授職在任中、何も出版していない。これに対し、ハミルトンの『エジンバラ・レヴュー』誌掲載の三つの論文は、膨大な学識を背景に、アグレッシブに論敵を批判し、自説を主張するものとなっている。また、ハミルトンのエジンバラ大学における講義もエネルギッシュなものであり、多くの学生が刺激を受けたと証言している。

現在から振返って見ると、そのエネルギッシュなスタイルを別にすると、「ハミルトン哲学」を構成するものは意外に少ない。『エジンバラ・レヴュー』誌掲載の三つの論文とリード著作集に付された大部の論考、そして死後に出版された講義録が「ハミルトン哲学」を伝えるテキストのすべてである。この点について、ゴードン・グレアムはハチスン、ヒューム、リード、スミスといったスコットランドの哲学者たちが研究されるべきテキストを残すという形で哲学に貢献したのに対して、ハミルトンの主要な貢献はそのテキストではなく、その時代の哲学活動と次世代への影響に存するとしている（Graham 2022：47）。

このように言われると、ハミルトンを今日読む意味などないと思われるかもしれないが、そうは言っても、「スコットランド常識学派」の歴史を考えるとき、我々はハミルトンの残したテキストに興味深いその展開を見出すことができる。それはリードの常識哲学、一八世紀から一九世紀初頭にかけてのドイツ哲学、そしてアリストテレスの論理学を背景とした常識的実在論――自然な実在論――である。次節以降、ハミルトンの自然な実在論を検討していくことで、一九世紀にスコットランド常識学派が行き着いた場所を確認することにしよう。

第二節　無条件的なものの不可知性テーゼ

まずはテキストを確認しておこう。[4] ハミルトン哲学の骨格を構成するのは、『エジンバラ・レヴュー』誌掲載の三つの論文「無条件的なものについての哲学（1829）」（PU）、「知覚の哲学（1830）」（PP）、「論理学（1833）」（L）である。このうち、「論理学」は当時のオックスフォード系の論理学研究を厳しく批判し――ほとんど悪口と言っていいほどである――アリストテレスやスコラの論理学の知識を背景に論理学の形式性を強調するものである。本章の課題は、ハミルトンの自然な実在論の検討にあるので、この「論理学」は考察の対象から外すことにしよう。すると、主要な検討対象は「無条件的なものについての哲学」と「知覚の哲学」ということになる。前者はヴィクトール・クザンの『哲学講義』のレヴューという体裁をとっているが、その内実はハミルトン自身の「無条件的なものについての哲学」を展開することにある。そこでハミルトンは、「無条件的なもの」の不可知性を主張し、「知識の相対性」のテーゼを擁護している。後者の「知覚の哲学」はフランス語版リード全集のレヴューであるが、こちらもその内実はレヴューにはなく、ブラウンのリード批判に応答しつつ、知覚の哲学における直接実在論としての自然な実在論を擁護するものである。

さて、このようにまとめると、ハミルトンは「無条件的なものについての哲学」においては物の直接知を否定しつつ、「知覚の哲学」ではそれを擁護しているようにも思われる。すなわち、ハミルトンは、物自体を直接知ることはできず我々は間接的な知識しか持てないとする一方で、知覚論においては我々は物自体を直接知覚すると主張

（4）リードとハミルトンの著作については文献表記載の略記により参照する。

していようにも見えるのである。

しかし、丁寧に検討すると、ハミルトン哲学にそのような端的な矛盾を見てとるべきではないことが理解される。以下、「無条件的なものについての哲学」と「知覚の哲学」をリード全集付属の論考で補いつつ、ハミルトンの立場を検討していくことにしよう。

「無条件的なものについての哲学」において、ハミルトンは無条件的なもの（the Unconditioned）は知りえない、とする。

> 我々の意見においては、心は、限定されたもの、条件的に限定されたもの（*the conditionally limited*）のみを理解でき、従って知ることができる。無条件的に限定されないもの、すなわち無限者（*the Infinite*）と無条件的に限定されたもの、すなわち絶対者（*the Absolute*）は、肯定的に心へと結びつけることはできないのである。それらは思考自体が実現される当の諸条件を考慮せず、捨象することでのみ理解される。従って、無条件的なものという思念は否定的なもの――理解可能なものそのものの否定――でしかない。（PU: 20）

ここでハミルトンは「無条件的なもの」を二種類に分けている。一つは「無条件的に限定されないもの」である無限者であり、もう一つは「無条件的に限定されたもの」である絶対者である。たとえば空間を考えてみよう[5]（PU: 36）。無限者としての空間とは、限界なく無条件に「さらに遠く」を考えることができるという意味で「無条件的なもの」であり、絶対者としての空間とは無条件的に絶対的全体としての空間という意味での「無条件的なもの」である。

ハミルトンによると、無限者も絶対者も肯定的な仕方で把握することはできず、条件づけられたものを通して間接的にのみ把握されうる。すなわち、無条件的なものとは、それが成立するとはどういう事態なのか理解不可能であり、「理解不可能なもの」として否定的にしか把握されないというのである。

この無条件的なものの（肯定的）理解不可能性は、その不可知性を帰結する。無限者にせよ絶対者にせよ、それが成立するとはどういう事態なのか理解できない。そしてそのため、どちらの事態が成立しているのか——たとえば空間は無限者なのか絶対者なのか——を我々は知りえない。このように考えられているのである。[6]

無条件的なものの不可知性というハミルトンの主張を支えているのは、「思考するとは条件づけることである(to think is to condition)（PU：21）」というその思考のとらえ方である。[7] すなわち、ハミルトンによると、何かを思考するとは思考対象を条件づけることを含み、無条件的なものを思考することは原理的に不可能なのである。

ここで疑問となるのは、なぜ「思考するとは条件づけることである」と考えねばならないのか、ということである。たとえば、ハミルトンは我々が知的直観によって無条件的なものをとらえるという立場を明示的に否定しているが（PU：26–30）、なぜ思考が一種の直観として無条件的なものに関する洞察を与えると考えてはいけないのだろうか。この点について、ハミルトンは次のように論じる。

> 思考は意識を超えられない。意識は思考の主体と対象の対照の下でのみ可能であり、主体と対象の両者は互い

（5）ハミルトンは時間と空間を条件づけられたものの形式としているが（PU：35–36）、この点は無条件的なものとしての空間の理解不可能性という目下の論点には関わらない。

（6）無限者と絶対者の対比は明らかにカントのアンチノミーの議論の影響を受けている。しかし、ハミルトンはカントと違い、無限者と絶対者のどちらかが成立しているということは、排中律により理解できるとする（PU：22, Ap：569）。すなわち、無限者も絶対者も直接的には理解できないものの、そのどちらかが成り立っているということは間接的に理解できるというのである。さらなる議論はMannder（2020：chap. 1）を見よ。

（7）ハミルトンは思考を「すべての我々の認知的エネルギーを含む（Ap：568）」と広く捉えている。

の対応、限定においてのみ知られる。（PU：21）

ハミルトンの議論はわかりにくいが、ここに示されているのは次のような論証だと考えられる。

（1）思考とは意識においてなされる。

（2）意識に与えられるのは、主体─対象の関係全体であり、そのような関係全体から切り離された主体自体や対象自体ではない。

従って、（3）思考に際して知られるのは、主体との関係において把握された対象であり、無条件的なものではない。

すなわち、ハミルトンによると、思考とは主体と対象が互いに条件づけあう意識の働きであり、我々の知識は常に思考の主体に相対的な限りでの対象にとどまるのである。

注意すべきは、ハミルトンの立場は意識に現れる観念を通して実在は間接的にのみ知られる、とするようなヴェール説的間接実在論ではない、ということである。実際、そのような間接実在論の批判は、次に見る「知覚の哲学」の主題の一つである。ハミルトンの立場は、意識において実在が直接把握されるが、そこで把握されるのは実在自体やその内在的性質ではなく、意識の主体との関係において成立する関係的性質のみだ、というものである。この点について、ハミルトンは「我々の知識はその対象が心であれ物であれ、存在の関係的顕示でしかなく、存在自体については哲学の届くところにないということを認識することが我々の最上の知恵なのである（PU：22）」と述べている。ハミルトンの論点は、観念のような媒介者を通して実在が知られるというものではなく、関係的性質のみが知られるという点にあるのである。[8]

第三節　ハミルトンの直接実在論

次に「知覚の哲学」を見ていこう。この論文においても、ハミルトンは知覚の際に意識には主体と対象が互いに関係づけられる仕方で現れるとする。

> 私が自分の注意を知覚のもっとも単純な作用に向けると、観察を終えた際には二つの事実、あるいはむしろ同じ事実の二つの分岐に対する最大限に抗えない確信を持つことになる。それらの事実とはすなわち、「私が存在する」と「私と異なる何かが存在する」というものである。この作用において、知覚する主体としての私自身と知覚される対象としての外的実在を私は意識する。その際私は両者の存在を同じ不可分の直観において意識するのである。（PP：60）

たとえば、目の前のコーヒーカップを見るとき、意識においては知覚者自身の存在と、その知覚者とは区別された外的な対象としてのコーヒーカップの存在が現前する。すなわち、意識は自我と非我の存在が直接的に示されていると確信させる。このようにハミルトンは考える。

ハミルトンによると、この知覚における自我と非我の直接的現前への確信は「人類の自然な確信（PP：61）」である。すなわち、我々は哲学的反省以前には知覚の際に意識に外的対象が直接現前しているということを当然と見

（8）以上の解釈はラングトンの著名なカント解釈を部分的にハミルトンに適用するものである（cf. Langton 1998）。また、Mander（2020：22–23）から示唆を与えられている。

なしているというのである。

しかし、もちろん、その前哲学的な「人類の自然な確信」をどのように解釈するかについては、哲学者の間で様々な立場がありうる。ハミルトンはこれについて、六つの立場を区別している（PP：61–62；R：748–749）。第一の立場はハミルトン自身の立場である「自然な実在論」である。この立場は、意識がもたらす確信を額面通りに受け取り、実際に外的対象が意識に現前しているとする。第二の立場は「絶対的同一性の体系」であり、これは自我（心）と非我（物）を共通の実体の現れとする。第三は、自我と非我は自我（心）に還元されるという立場でこれは観念論となる。第四は逆にそれらを非我（物）に還元する立場で物質主義となる。第五の立場は自我と非我の両者の実在性を否定する「ニヒリズム」であり、そして最後に第六の立場は、意識に直接与えられている対象は表象であるとして、外的対象はその表象を通して知られるとする「仮説的実在論（Hypothetical Realism）」となる。

ハミルトンは自身の自然な実在論以外の五つの立場を批判するが、その中でももっとも厳しい批判が向けられるのは仮説的実在論である。ハミルトンは仮説的実在論は、大部分の哲学者に支持されているが、すべての立場の中でもっともつじつまの合わない立場であるとし、六つの批判を提起している（PP：62, 68–73, cf. McDermid 2018：129–132）。ここではそのうちの一つだけを紹介しておこう。

その批判によると、仮説的実在論は意識を信頼しないことで、哲学の遂行を不可能としてしまっている。

表象的知覚の学説は、知識の普遍的体系を破壊することで、自身を無効化してしまっている。――外界についての直接知覚という意識の証言と対立することで、その学説は、意識の真実性と完全に対立してしまっているのである。しかし、意識が真理を伝えているということは、すべての知識の可能性の条件である。従って、仮説的実在論の第一の作用は自殺行為である。そしてその後では、哲学はせいぜいのところ呪われた死体でしか

なく、懐疑論の悪魔祓いにより適切に無効化されるのを待つのみなのである。（PP: 78–79）

仮説的実在論は意識内容を額面通りに受け取らず、意識に直接現れているのは外的対象ではなく、その表象だとする。従って、仮説的実在論によると、意識は表象を対象と取り違えさせるという点で我々を欺くものだということになる。しかし、そうだとすると、我々は一般的に意識を信用する理由を持たないということになる。そして、意識が哲学を含むすべての知識の究極の情報源である以上（R2: 746）、そのことは、そもそも仮説的実在論であれ何であれ哲学的理論を信用する理由がない、ということを帰結する。このようにハミルトンは論じている。

このハミルトンの議論が前提としているのは、「意識の証言」のような我々の自然本性に由来する情報源については、それをときに信頼しときに却下するというわけにはいかない、ということである（R2: 747, cf. McDermid 2018: 128–129）。たとえば、仮説的実在論者は心の中の表象に実際に外的対象が対応しているという信念を自然な信念として正当化しようとするかもしれない[9]。しかし、仮説的実在論は外的対象の直接知覚という自然な信念をすでに却下しているので、自分の理論に都合のよいときだけそのように自然な信念を引くことはできない。このように考えられているのである。

以上の説明から明らかなように、ハミルトンの直接実在論は意識をその基礎としている。すなわち、外的対象の意識への現前として知覚の直接性は解釈されているのである。この点は、リード全集付属の論考ではより丁寧に議論されている。そこでは対象が直接（immediately）知られるとは対象が心に現前する（being presented）こととして捉えられ、対象と数的に異なる表象（representation）に媒介される間接的（mediate）認知と区別される（R2: 805）。

そのうえでハミルトンはこの「対象の現前」という概念について、「意識はいまここに現前しているもののみに

（9）ハミルトンはこのような立場をブラウンに帰している（R2: 750–751）。

ついての知識を与える。従って、意識はただ直観的であり、その対象は必ず現前的である（R：810）」と論じる。すなわち、ハミルトンによると、直接知覚とは「いま」「ここ」に現前する対象を意識することなのである。そして、ここからハミルトンは、空間的に離れたところにある対象、過去や未来の対象についての直接的認知は不可能とする（R2：810）。それらは直接意識に現前することはない以上、表象を媒介として知られるしかないのである。

第四節　自然な実在論

次にハミルトンの直接実在論が「自然な実在論」であるポイントを見ておこう。ハミルトンの立場が「自然な実在論」と呼ばれるのは、それが我々の自然本性に根差す自然な信念として正当化されるからである。この正当化の論証をハミルトンは「常識からの論証（argument from common sense）」と呼ぶ。

> 常識に基づいて論証するとは、意識のオリジナルな事実を前提として受け入れること――自然本性によって必然的に真であると信じられることは実際に真であるとすること――につきる。（PP：94）

ここでハミルトンは、我々の自然的本性により真と考えざるをえないことを「意識のオリジナルな事実」と同一視している。すなわち、ハミルトンにとって、自然な実在論を支える自然な信念とは意識の証言に基づく信念なのである。この点に注意して、常識からの論証を直接実在論に適用すると、次のような論証になる。

（1）自然な信念は実際に真である。
（2）意識のオリジナルな事実は自然な信念である。

従って、(3) 意識のオリジナルな事実は真である。
(4) 知覚の際に対象が心に現前しているということは意識のオリジナルな事実である。
従って、(5) 知覚の際に対象が心に現前しているということは真である。

一つ注意すべきは、この常識からの論証は、何であれ自分に正しいと感じられることは受け入れてよい、という「何でもあり」を認めるものではない、という点である（R2: 751-752）。先にも見たように、「常識からの論証」を用いる人は、自分の理論に合わせて都合よく意識の証言を肯定したり却下したりしてよいわけではない。常識からの論証を用いるには、意識の証言は常に信用するという一貫性が要求されるのである。

また、何が意識のオリジナルな事実かということは哲学的分析によって明らかにされるべきことである。

哲学の第一の問題――それは簡単に達成できるようなものではない――は、従って、知的分析と批判によって基礎的な（elementary）感覚や信念――そこにおいてすべての人が所有する基礎的真理が与えられている――を探し当て、精錬し、確立することにある。そして、常識からの論証はそれらの感覚や信念を、解明され、確証されたものとして前提することで関連する真理やその必然的帰結を証明するものであり、明らかに技術、習得された巧みさとしての哲学に依存している。そのため、哲学者たちが非常に頻繁に間違いを犯してきたにも関わらず、その論証を哲学者の手から取り上げるわけにはいかないのである。（R2: 752）

ハミルトンによると、常識からの論証は「何でもあり」どころか高度な知的分析を用いて初めて機能する論証なのである。

第五節　リードとハミルトン

前節まででハミルトンの「自然な実在論」を構成する主要な論点が明らかとなった。この節ではハミルトンとリードの哲学を比較していこう。まずはリードの知覚論の概要を簡単に確認する。

リードは感覚と知覚をはっきりと区別する。感覚はその作用と区別された対象を持たないが、知覚は持つという点で両者は区別される。たとえば、痛みを感じる際には、感じることと区別された痛みという対象が存在するわけではない。すなわち、痛みは感じられている間だけ存在するものであり、感じられることと独立に痛みという対象が存在するわけではない。従って、痛みは知覚ではなく、感覚だということになる（EIP：36–37）。

これに対して、知覚はその作用と独立の対象を持つ。

> 従って、「感官の外的対象の知覚」と呼ばれる心の作用に注意を向けるならば、そこに三つのものが見いだされるだろう。第一に、知覚された対象の想念（conception）あるいは思念（notion）。第二に、その対象の現在の存在に対する強く抗いえない確信と信念。そして第三に、その確信と信念が直接的であり（immediate）、推論の結果ではないということである。（EIP：96）

ここでリードは知覚を三つの要素から分析している。一つは対象についての想念である。想念は対象の概念的記述ではなく、対象の直示的把握である（EIP：24–26）。たとえば、目の前のコーヒーカップを見るとき、白く、ある一定の視覚的形態を持つ「それ」が把握される。この把握の働きが想念であり、そこにおいて知覚はその作用と独立の対象を確保するのである。(10) 第二の要素は信念、あるいは確信である。それは対象が現在存在しているという判断を含む。「確信」とも言われているように、それは強力な信念であり、知覚者の意志に関わらず抗いがたい仕方で生じる。最後に第三の要素は、その信念が直接的に生じるということである。引用箇所から明らかなように、ここでの「直接」は「非推論的」を意味している。

リードによると、知覚のプロセスとは次のようなものである。まず知覚者の感官に対象が働きかけ、その刺激が脳を通じて心に感覚を生じさせる。そして感覚は推論を介さずに直ちに対象の想念とその存在の信念を生じさせる。たとえば、バラの香りの知覚を考えてみよう（EIP：202）。バラの性質としての香りが嗅覚に作用し、感覚としてのバラの香りを生じさせる。するとそこから直ちに性質としてのバラの香りの想念とそれが現実に存在しているという信念が生じる。この最後の想念と信念の直接的生起が「知覚」なのである。

次にリードの知覚論に関わる区別を二点、解説しておこう。第一の区別は一次性質と二次性質の区別である。リードは感覚と性質の類似性の有無によりその区別をすることはできないという点ではバークリに同意する（EIP：206–210）。他方でリードはその区別自体は認め、それを性質の想念が直接的に知られるかどうかという点により説明する。

この区別には実際の根拠があるように私には思われる。その根拠とは次のようなものである。我々の感官は一次性質の直接的で判明な思念を与え、それらの性質がそれ自体において何であるかを我々に知らせる。これに対して、二次性質に関しては、我々の感官は、関係的で不分明な思念しか与えない。感官が知らせるのは、それらがある仕方で我々に作用し、ある種の感覚を生み出すような性質であるということだけである。感官は、それらの性質がそれ自体で何であるかについては、我々を暗闇のうちに留めるのである（EIP：201）。

（10）想念についてはラッセル的な対象の見知りとする解釈（Van Cleve 2015：chap. 3）とフレーゲ的な対象の与えられ方とする解釈（Thrope 2021）がある。

たとえば、物の硬さは一次性質であるが、その想念は感覚により直接示唆される。机を触り、その硬さの感覚を持つと、そこから直ちに性質としての硬さの想念が得られる（IHM：61-62, EIP：201）。硬さとは物の部分が固着して形が簡単には変化しないというあり方のことであり（IHM：61）、我々は硬さとはどういう性質かを特別な探求なしに明確に知ることができる。これに対して、バラの香りのような二次性質の想念は関係的な想念である。我々は科学的探求なしには、その性質について、「バラの香りの感覚を生じさせる性質」として感覚との関係でとらえられる想念しか持てない（EIP：202）。このようにリードは論じる。

リード知覚論の第二の区別は、オリジナル知覚と獲得知覚の区別である。この区別は感覚と知覚の関係が我々の自然の成り立ちに直接由来するかどうかの区別である。

この区別を理解するために重要なのは、リードが感覚と知覚の関係を記号関係としてとらえているという点である（EIP：199, cf. Wolterstorff 2001：109）。先にも見たように、リードは感覚が直接知覚をもたらすとするが、リードによると、このとき感覚は一種の記号として働いている。たとえば、高速道路で「↑御殿場５㎞」という掲示を見て、五キロメートル先に御殿場出口があるという信念を持つとき、我々は「あの掲示は五キロメートル先に御殿場出口があるということを意味している、従って、五キロメートル先に御殿場出口がある」と推論などしない。その信念は推論なしに掲示を見ることから直接的に生じるのである。それと同様に、我々は感覚を持つと、その感覚は記号として働き直接的に想念をもたらす。このようにリードは考える。

そして、このとき感覚と知覚の記号関係が我々の自然的本性に基づくのか、それとも経験により獲得されたものなのかに応じて、知覚はオリジナル知覚と獲得知覚に区別される。

我々の知覚は二種類に分けられる。一つは自然的でオリジナルであり、もう一つは獲得されたものであり、経験の産物である。これはサイダーの味で、あれはブランディーの味だ。これはリンゴの香りで、あれはオレンジの香りだ。これは雷の音で、あれはベルの音だ。これは馬車が通る音で、あれは友人の声だ。この種の知覚はオリジナル知覚ではなく、獲得知覚である。これに対して、物体の硬さや柔らかさ、延長、形、運動などを触覚により知覚するとき、それは獲得知覚ではなく、オリジナル知覚である。（IHM：171）

リードによると、我々が自然本性に従って知覚するものは非常に限定的である（IHM：171）。目の前のコーヒーカップを見るとき、知覚者はその白さと特有の形、そしてそれが前方のある場所に存在するということのみをオリジナルな仕方で知覚する。それがコーヒーカップだという認知は獲得知覚であり、経験を経て可能となるというのである。

獲得知覚は、経験に依存しているが、それでも真正の知覚とされているという点は注意が必要である。コーヒーカップを見て、そこにコーヒーカップが存在するという信念を持つとき、我々は視覚的な形や場所からの推論によってその信念を得るわけではない。その信念は感覚から非推論的な仕方で直接生じており、そのためそれは真正の知覚の要素なのである（IHP：173）。

さて、以上がリード知覚論の概要である。次にリードとハミルトンの共通点を見ていこう。まず第一の共通点として、両者が我々の自然な本性に対して認識上の権威を認めているという点を確認しておこう。リードにおいてもハミルトンにおいても、外界の存在などの信念は我々の自然な能力に基づき得られるものであり、その信頼性は証明を必要としないとされている。この点は、両者を「スコットランド常識学派」としてつなぐ太い線である。(11)

（11）我々の認識がその基礎において証明を必要としない、というリードのアイディアおよびその二〇世紀ケンブリッジにおける展開については、大谷（二〇二〇）を見よ。

第二の共通点はハミルトンの「無条件的なものの不可知性」のテーゼに関わる。先に見たように、リードは一次性質の想念は直接的だが、二次性質の想念は関係的であるとしていた。ここからリードは二次性質に関してのみ「無条件的なものの不可知性」のテーゼを認めていると思われるかもしれない。しかし、そのようにリードとハミルトンの共通点をとらえるのは間違いである。リードが二次性質の想念は関係的であるとするときに検討されているのは、知覚において非推論的な仕方で得られる想念のみである。すなわち、二次性質に関しては、知覚に際して関係的性質の想念しか持てないとリードはしているのであり、そのことは科学的探求により二次性質の直接的で判明な想念が得られることを否定するものではない。実際、リードは香りの感覚を引き起こす性質は物体の発散物であり、音の感覚を引き起こす性質は物体の振動であるというように科学的探求がそれらの性質の想念を与えうるということを認めている（EIP：204）。二次性質が知覚に際して関係的にしか把握されないという点は、原理的に直接的把握が得られないということを意味しておらず、従って「無条件的なものの不可知性」テーゼとは無関係なのである。

リードにおいてそのテーゼに対応するのは実体の不可知性である。リードは実体については性質の主体という以上の想念は持てないとする。リードは心と物質という二種類の実体を認めるが（EIP：43-44）、物質的実体について次のように論じる。

従って、直接的に（immediately）知覚される物は性質であること、その性質は主体に属さなければならないこと、そしてその主体について我々の感官が教えるのはそれらの性質が属するものだということだけであること。これらは自然な判断であると思われる。ここから性質と区別された物体や物質についての我々の思念は関係的な思念であるということは明らかである。私が思うに、人類が新しい能力を持つことにならない限り、そ

れらの思念は常に不分明でしかないのである。（EIP：219）

この箇所でリードは実体についての想念は性質の担い手としての関係的なものにとどまると主張しており、実体に関して「無条件的なものの不可知性」テーゼを認めていると考えることができる[12]。

ただし、リードはハミルトンと異なり、実体に関していくつかの内在的性質を知りうるとしている。その一つは物質的実体の分割不可能性には限界がないという点であり（EIP：219-221）、これはハミルトンの用語で言うと、物質的実体を「無限者」とするということになる。この点で「無条件的なものの不可知性」テーゼに関するリードとハミルトンの共通性は部分的なものにとどまる。

次にリードとハミルトンの相違点に移ろう。一つの重要な相違点は、ハミルトンが知覚の直接性について比較的明瞭な説明を与えているのに対してリードはそうではない、という点である。ハミルトンにおいては知覚の直接性は対象の「いま」「ここ」の意識への現前として説明される。これに対し、リードにおいては、どのような意味で知覚の直接性が確保されているのかは必ずしも明瞭ではない。先に見たように、リードは感覚と知覚の関係に関してその直接性を強調するが、そのポイントは感覚から知覚が非推論的に生じるということであった。しかし、それを超えて、リードの知覚論がどのような意味で直接実在論と言えるのかは明らかとは言えない。特にリード知覚論においては、感覚が知覚を生じさせるというプロセスが設定されており、そこでは感覚が一種の媒介者として働いているようにも思われるのである。

この問題は現代のリード研究者の係争点の一つであるが、最初に明確に指摘したのはハミルトンである。ハミル

（12）ただし、これは少なくともロックにまで遡れる主張であり「スコットランド常識学派」を結ぶ線とは言えないだろう（Locke 1975：2. 23. 2）。

トンによると、リードは自己と数的に区別された媒介者としての観念を否定すれば間接実在論（仮説的実在論）を否定できると想定しているが、自己の変容である感覚が媒介者として働くとするタイプの間接実在論もあり、リードはその立場と自身の立場を区別し損ねてしまっている。そのためリードが直接実在論と言えるのかどうかあいまいさを残す、というのである（R2：812-815, 819-824）。

しかし、リードの立場があいまいさを残すということは、それが適切な解釈の下で直接実在論とならないということを意味しない。ここでは、リードの立場をより詳しく検討することで、リードの直接実在論とハミルトンの直接実在論の相違点を示すことにしよう。

リードにおいて対象の直接的現前を確保するのは、感覚ではなく想念である。すなわち、想念は対象の直示的把握であり、ここにおいて対象の直接的現前がとらえられると考えられているのである。その際の一つの重要な特徴は、リードが感覚から示唆される想念に獲得されたものを認めるという点である。獲得知覚において生じる想念は、これはサイダーの味だとか、あれは馬車の通る音だといった感官に対する裸のデータとは言えないものを含む。レベッカ・コペンハーヴァーが指摘するように、獲得知覚を認めるということは、我々の知覚的感受性が経験により拡張されていくと認めることである（Copenhaver 2010）。そしてそのことが意味するのは、リードにおいて我々に直接現前する世界とは感官への裸の所与の世界ではなく、意味世界だということである。すなわち、我々は中立的な味や音を知覚するのではなく、サイダーの味、馬車の通る音を知覚するのである。

これに対して、ハミルトンは獲得知覚を認められない。ハミルトンは「意識への現前」を非常に狭く解釈し、「いま」「ここ」に生起する裸のデータのみを知覚の直接の対象だと考える。リードは我々が太陽や月を見るとき、直接（immediately）見られている対象は遠く離れていると『人間の知的能力に関する試論』で論じている（EIP：172）。ハミルトンはリード全集のその箇所に注を付け、リードの考えは間違いであり直接の知覚の対象は視覚に接触する光線であると論じる（R1：299）。ハミルトンにおいて対象の「いま」「ここ」への直接的現前とは意識に対し裸のデータが与えられていることであり、直接感官に接触する刺激のみが直接知覚の対象となっているのである。[13]

そしてここにおいてハミルトンはリードから後退している。すなわち、意識への裸の所与から知覚論を組み立てようとしている点でハミルトンは「所与の神話」の学説に陥ってしまっているのである。これに対して、リードは獲得知覚という概念により、我々が意味世界を直接知覚するという点を正当に扱おうとしているのである。

おわりに

ハミルトンの学生であり、プリンストン大学の学長を務めるなど、アメリカにおけるスコットランド常識学派の代表者であったジェイムズ・マコッシュ（James McCosh, 1811–1894）は自己の意識の観察をその主要な方法とする点でスコットランド哲学は他の学派から区別されると論じている（McCosh 1875：4）。「意識」という語をどのように用いるかにもよるが、マコッシュの特徴づけはリードとハミルトンを適切に結びつけるものとは言えない。ハミルトンにおいては意識への裸の所与を信頼することがその自然な実在論のポイントであるのに対し、リードにおいては哲学はそのような意識への所与から認識論を組み立てることに尽きない。もちろん、リードにおいても意識内容の観察や分析は重要な関心事である。しかし、リードはより広く、意味世界を生きる人間の探求を行っている。このため、リードにおいては他者の証言や言語の構造といった様々な「データ」が哲学的分析において用いられうる

(13) 関連する議論としてBrody（1971：436–439）を見よ。ただ、ブロディはリードとハミルトンの相違点を獲得知覚についての見解の違いと結びつけてはいない。

ことになる。ハミルトンの自然な実在論は興味深い論点を含みつつも，この点でリードから後退してしまっているように思われるのである。

謝辞　本章の草稿に対し小畑敦嗣氏から大変有益なコメントをいただいた。感謝申し上げる。

文献表

Brody, B. A.（1971）"Reid and Hamilton on perception," *The Monist*, 55（3）: 423–441.

Copenhaver, R.（2010）"Thomas Reid on acquired perception," *Pacific Philosophical Quarterly*, 91: 285–312.

Graham, G.（2022）"Sir William Hamilton and the revitalization of Scottish Philosophy," In his *Scottish Philosophy after the Enlightenment*, Edinburgh: Edinburgh University Press: 20–47.

Hamilton, W.（1853a）"The philosophy of unconditioned: In reference to Cousin's Doctrine of the infinitio-absolute," W. Hamilton, *Discussions on Philosophy and Literature, Education and University Reform*, New York: Harper and Brothers: 9–44.（PU）

———（1853b）"Philosophy of perception," W. Hamilton, *Discussions on Philosophy and Literature, Education and University Reform*, New York: Harper and Brothers: 45–102.（PP）

———（1853c）"Logic," W. Hamilton, *Discussions on Philosophy and Literature, Education and University Reform*, New York: Harper and Brothers: 120–173.（L）

———（1853d）"Appendix I. Philosophical:（A）. Conditions of the thinkable systematized," W. Hamilton, *Discussions on Philosophy and Literature, Education and University Reform*, New York: Harper and Brothers: 567–590.（Ap）

———（ed.）（1994a）*The Works of Thomas Reid. Vol. 1*, Bristol: Thoemmes Press.（R1）

———（ed.）（1994b）*The Works of Thomas Reid. Vol. 2*, Bristol: Thoemmes Press.（R2）

Kuehn, M.（1990）"Hamilton's reading of Kant: A chapter in the early Scottish reception of Kant's thought," G. M Ross and T. McWalter（eds.）, *Kant and his Influence*, Bristol: Thoemmes Press: 315–347.

Langton, R.（1998）*Kantian Humility: Our Ignorance of Things in Themselves*, Oxford: Oxford University Press.

Locke, J.（1975）*An Essay concerning Human Understanding*, P. H. Nidditch（ed.）, Oxford：Oxford University Press.
Mander, W. J.（2020）*The Unknowable：A Study in Nineteenth-Century British Metaphysics*, Oxford：Oxford University Press.
McCosh, J.（1875）*The Scottish Philosophy：Biographical, Expository and Critical：From Hutcheson to Hamilton*, London：Macmillan.
McDermid, J.（2018）*The Rise and Fall of Scottish Common Sense Realism*, Oxford：Oxford University Press.
Mill, J. S.（1979）*An Examination of Sir William Hamilton's Philosophy and of the Principal Philosophical Questions Discussed in his Writings*, J. M. Robson（ed.）, Toronto, Buffalo：University of Toronto Press.
Reid, T.（1997）*An Inquiry into the Human Mind on the Principles of Common Sense*, Derek R. Brookes（ed.）, Edinburgh：Edinburgh University Press.（IHM）
———（2002）*Essays on the Intellectual Powers of Man*, Derek R. Brookes（ed.）, Annotated by Derek Brookes and Knud Haakonssen. Edinburgh：Edinburgh University Press.（EIP）
Thrope, L.（2021）"Thomas Reid on the role of conception and belief in perception and memory," *History of Philosophy Quarterly*, 38（4）：357-374.
Van Cleve, J.（2015）*Problems from Reid*, Oxford：Oxford University Press.
Wolterstorff, N.（2001）*Thomas Reid and the Story of Epistemology*, Cambridge：Cambridge University Press.
大谷弘（二〇二〇）「一八世紀スコットランドから二〇世紀ケンブリッジへ――リード、ムーア、ウィトゲンシュタインにおける常識――」青木裕子・大谷弘（編著）『「常識」によって新たな世界は切り拓けるか――コモン・センスの哲学と思想史――』、晃洋書房、七三―九六頁。

（大谷　弘）

第Ⅱ部　スコットランド常識学派からプラグマティズムへ

第五章

ジョン・ウィザースプーンがアメリカに渡った社会背景から見る初期アメリカとコモン・センス哲学の親和性

はじめに

本稿の目的はいくつかある。まず、本稿執筆の背景にある大きな目的は、アメリカという国の特質を知りたいということにある。そして、アメリカ社会の地下水脈を流れる思想を探るために着目したのが、アメリカ固有の哲学であるプラグマティズム（pragmatism：知行主義：実用主義：道具主義：実際主義等）に影響を与えたスコットランドのコモン・センス哲学（Common Sense Philosophy）および、「コモンセンス・リアリズム（Commonsense Realism）」すなわちスコットランドのコモン・センス哲学に限定されない古代ギリシア以来ある「コモン・センスを重視した思想」の系譜である。[1] アメリカは、陪審員制度に見られるように、人々の共通の判断力としてのコモン・センスに信頼を寄せ発展してきた平等を旨とするデモクラシーの国であり、また、個人の自由を旨とするリベラリズムの国でもあ

（1）「コモン・センス」概念を用いた様々な思想や哲学、「コモンセンス・リアリズム（Commonsense Realism）」と称されるものについては、次を参照のこと（中村 二〇〇〇：青木 二〇一六：青木 二〇二〇：青木 二〇二二）。

ることを自認してきた。しかし、それと同時に、植民地時代からキリスト教が強い影響力を持ってきた、宗教の国でもある。一方、スコットランドのコモン・センス哲学はキリスト教と切っても切れない関係にある。後述するように、スコットランド啓蒙思想というよりは、寧ろその中でも、キリスト教との関係が深いスコットランドのコモン・センス哲学がアメリカで受容され浸透したのは、自然なことだったと考えてよいのだろうか。まずこの点を確認したいと考えている。

したがって、本稿においてはスコットランドのコモン・センス哲学がアメリカに広まった経緯を明らかにすることが目的である。この目的のために本稿で着目するのがジョン・ウィザースプーン（John Witherspoon, 1723–94）である。ウィザースプーンは、スコットランド啓蒙を彩った思想家の一人であり、アメリカにコモン・センス哲学を広めた立役者である。彼は、プリンストン大学（Princeton University）の前身であるニュージャージー大学（College of New Jersey：一七四六年設立：一八九六年現名）の学長になるために、スコットランドからアメリカのプリンストンに移住したのであるが、何故ウィザースプーンが学長に選ばれたのかを知ることによって、スコットランドのコモン・センスの哲学、ひいてはコモンセンス・リアリズムがアメリカに浸透した歴史的・社会的背景を明らかにしたい。

先行研究におけるウィザースプーンは、哲学者としてと言うよりは、独立宣言に署名した「建国の父」の一人として、あるいはスコットランド啓蒙の主流派に対抗した人物としてその名が登場することが多い。しかし、共和主義研究とスコットランド啓蒙研究の深化により、二〇一〇年代にはウィザースプーンを主題とした研究が増大した（Segrest 2010；Morrison 2015；Mailer 2017 等）。二〇二三年にはアダム・スミス（Adam Smith, 1723–90）とアダム・ファーガスン（Adam Ferguson, 1723–1816）と共にウィザースプーンの生誕三〇〇周年を記念した研究大会がイギリスのセント・アンドリュース大学で開催されたことからも、ウィザースプーンへの関心は決して低くないことがわかるだろう（青木・太田・野原 二〇二四）。日本ではウィザースプーンについての先行研究は少ないが、それは、日本では、アメリカ社会におけるキリスト教の重要性が見落とされてきたことにも起因している(2)。そのような中でも、アメリカ啓蒙やアメリカにおける共和主義への関心からウィザースプーンに着目した我が国における重要な先行研究として、梅津順一と田中秀夫の研究がある。（梅津 二〇〇四：田中 二〇一二）がある。本稿は、ウィザースプーンについての国内外の重要な先行研究の内容を整理して、主としてウィザースプーンがアメリカに呼ばれた理由を明らかにすることで、コモン・センスの思想がアメリカに浸透しプラグマティズムにつながっていく背景の一端を浮かび上がらせ、本書のプロジェクトに貢献しようとするものである。

本稿執筆にあたって、私が重要な示唆を受けた先行研究の一つが、スコット・セグレストの著書である。セグレストは、「スコットランドのコモン・センスとプラグマティズムが、アメリカの歴史のほとんどの間、アメリカ哲学を支配してきた」と述べている（Segrest 2010：3）。そして、チャールズ・サンダース・パース（Charles Sanders Peirce, 1839–1914）、ウィリアム・ジェイムズ（William James, 1842–1910）、ジョン・デューイ（John Dewy, 1859–1952）を代表とするプラグマティズムというアメリカ固有の哲学の誕生と、スコットランドの哲学であるコモン・センス哲学がウィザースプーンとジェイムズ・マコッシュ（James McCosh, 1811–94）の影響によりアメリカで根付いていたことの関連性について論じている（Segrest 2010：3–4）。スコットランドで生まれたコモン・センス哲学は、一九世紀以降は、本家本元のスコットランドでは衰退していったのに対し、アメリカで継承され、別の形で生き続けてきたということである。

このことは、哲学史上あるいは思想史上の意義という学問の世界の狭い問題関心の域を出ないことではなく、別

(2) 拙著（青木 二〇一〇）においては、演劇論争とアメリカ独立問題でファーガスンと対立した人物としてウィザースプーンは登場する。また森本は、日本でアメリカのキリスト教史が敬遠されてきたことについて述べている（森本 二〇一五：五―六）。

の広い視点からも意義を見出すことができる。つまり、「スコットランドのコモン・センス哲学」というよりは、「コモンセンス・リアリズム」あるいは「コモン・センス概念に基づく実生活に結びついた思考様式」が、アメリカで根付き、生き続けてきたと言うことができるのではないだろうか。コモン・センス学派は一八世紀にスコットランドで生まれたが、コモン・センスの概念を用いた哲学、思想は古代ギリシアのアリストテレスからある。また、古代ギリシアから連綿と続くコモン・センスをめぐる思想や哲学の系譜の一つのタイプ、すなわち、現実の生活に根差して普通の人々の共通感覚に訴え説得する（レトリック）を重視する「コモンセンス・リアリズム」の系譜が、アメリカにおいてアメリカ独自の発展を遂げ、哲学としてのコモン・センス哲学を超えて、アメリカ社会の日常に根付き、思考様式に定着してきたとは言えるのではないか（青木 二〇二〇）。

セグレストは、「強健で、生き生きとした、洗練されたコモン・センス」なしに活力ある健全な社会は生まれない旨を述べた上で、コモン・センスと哲学とを組み合わせる必要性を主張する。つまり、「哲学のないコモン・センス」は社会を批判するには適切ではなく、「コモン・センスのない哲学」は急進的で、社会秩序を腐敗させる可能性があるということである（Segrest 2010: 1）。これは重要な論点である。また、ここでの「コモン・センス」とは一体何なのかという疑問も突き付けてくるが、セグレストは、コモン・センス哲学における「コモン・センス」とは、哲学の様式と、その主要な対象の両方を示していることを論じる。哲学の様式としてのコモン・センス、つまりコモン・センス哲学における思索は、直接的な経験から得られる知識から始まり、不断にそこに戻っていく。一方、コモン・センス哲学の直接的な対象としてのコモン・センスには、多様な次元がある。人間が現実の物事を認知し判断する力能としてのコモン・センスから、良識（ボン・サンス）としてのコモン・センス、共同体において人々が事物について共通に持っている感覚（共通感覚）としてのコモン・センス等であり、これは社会的、政治的な意味も帯びる。これらのことを踏まえると、コモン・センス哲学が出現する特定の文脈を考察することは重要である。コモン・センスの本質は、人々が実際に生きている人生と社会、そして、人間が特定の場所と時間において生きているその現実性《アクチュアリティ》や具体性と結びついているからである。したがって、アメリカで展開されたコモン・センス哲学は、アメリカと不可分で、アメリカの経験によって特徴づけられていることを前提にしなくてはならないのである（Segrest 2010：1–2）。

しかし、そもそも何故スコットランドのコモン・センス哲学が、アメリカにおいてここまで大きな影響力をもったのだろうか？　あるいは、何故アメリカとコモン・センス哲学は、ここまで馬が合ったのだろうか？　そして、何故スコットランド啓蒙ではなく、コモン・センス哲学なのか？　これらは本稿の出発点となる問いである。

この問いに答えを与えている重要な先行研究の一つとして、マーク・ノル（Mark Noll）の研究がある、ノルは、「一九世紀までにはアメリカには、福音派プロテスタンティズムと共和主義、そしてコモンセンス（commonsense）による道徳的理由付けから合成された力強い文化的な統合体が存在した」、「一八世紀に共和主義とコモンセンスの道徳哲学によって形成された一つのアメリカにおいて福音主義が勃興したのは驚きだった」（Noll 1993：615, 638）、と論じ、アメリカにおいて「政治的なもの」が「宗教的なもの」に与えた影響を解明するために、コモン・センス哲学、共和主義、福音主義に着目し、これら三つの関係性について論じた。ウィザースプーンを中心にコモン・センス哲学が広がった経緯を検討する本稿では共和主義については触れないが、ノルの視点をウィザースプーンとの関係性において検討することは今後の研究課題としたい。

また、コモン・センス哲学はアメリカでどのようなものとして広まったのだろうか？コモン・センス学派の創始者はトマス・リード（Thomas Reid, 1710–96）である。そしてコモン・センス哲学をアメリカで広めたのはウィザースプーンであり、このことに異論を唱える者はいない。ウィザースプーンの影響力は大きく、コモン・センス哲学はアメリカの大学と神学校で支配的になった[3]。また、教育と学術の領域と哲学という学問分野を超えて、「コモン・センス」という言葉が社会全般に大きなインパクトを与えた。アメリカ独立戦争期において世論を喚起し独立への気運を盛り上げたトマス・ペイン（Thomas Paine, 1737–1809）の著書の題名に「コモン・センス」という言葉が選ばれたのは、コモン・センス哲学にも通じていたベンジャミン・ラッシュ（Benjamin Rush, 1745–1813）のアドバイスによるものであった。また、アメリカ合衆国憲法の文言にも、ジェイムズ・ウィルソン（James Wilson, 1742–98）を通じたコモン・センス哲学の影響がある。先行研究で指摘されてきたように、ウィザースプーンのアメリカ社会への数々の貢献の中で最も普遍性があるものは、何と言っても、アメリカにスコットランドのコモン・センス哲学を広め、アメリカ人の生活に浸透させたことであろう（Wirzbicki 2024：1；Nash 2024）。

しかし、セグレスト、ジェフリー・モリソン、田中等が指摘してきたように、アメリカでウィザースプーンが広めたコモン・センス哲学は、リード哲学とは異なるものである。ウィザースプーンはリードの哲学を広めたわけではない。モリソンの主張は、ウィザースプーンがアメリカで広めたコモン・センス哲学は、いわば「ウィザースプーン版コモン・センス哲学」（Morrison 2015：51）になっていたということである。ウィザースプーンにおいて、彼自身がエディンバラ大学で受けた人文主義的な教育、フランシス・ハチスン（Francis Hutcheson, 1694–1746）の道徳哲学からの影響(4)、スコットランドの民衆派牧師として彼自身が持っていた信念と理念、リード等のコモン・センス学派からの学問的影響(5)、そしてアメリカにおける教育活動、政治活動、教会での経験等が結実して、ウィザースプーンの「コモンセンス・リアリズム」が形成されたと言えるだろう。後述するようにウィザースプーンの言う「真正のコモン・センス（plain common sense）」という概念もその一部である（Segrest 2010：64–100, 特に67–69）。

ウィザースプーンが広めたコモン・センスは、いわばアメリカ版コモン・センス哲学となり、ウィザースプーンからマコッシュへと引き継がれ、そしてプラグマティズムへと繋がっていったというのがセグレストの議論であった。スコットランドのコモン・センス哲学はアメリカにおいて別の道を歩み始め、アメリカでの経験を反映させた固有のものになったのである（Segrest 2010：3-4）。

本稿では、スコットランドのコモン・センス哲学がアメリカに広まった背景を知るために、ニュージャージー大学で学長を務めたウィザースプーンに焦点を当てている。そして第一に、同大学が設立された経緯と社会背景を検討する。大覚醒運動がアメリカ独立の土台になったことも確認する。第二に、ウィザースプーンが同大学の学長に選ばれた理由を検討する。第三に、アメリカにおけるウィザースプーンの精力的な活動について概観する。最後に、コモン・センスの思想・哲学は長老派の教義として「キリスト教共和国」アメリカの成立に有用であったのかを考察したい。

（3）モリソンは次のように述べている。「植民地におけるウィザースプーンのユニークで強力な立場が、スコットランド啓蒙の哲学の初期アメリカへの主要な大西洋横断の水路橋になったのである」（Morrison 2015：51）：ミラーは、ウィザースプーンによってスコットランド方式がアメリカに導入され、一八二〇年位までにはアメリカの教育課程で支配的となり、リード、ドゥーゴルド・ステュワート（Dugald Stewart, 1753-1828）、ウィリアム・ハミルトン（William Hamilton, 1788-1856）等の著作も授業で読まれたことを述べている。しかし、南北戦争の数十年後にはアメリカの大学からスコットランド・リアリズムの哲学と哲学者は消滅し、アメリカの精神史に急進的な変革が生じたと述べている（Miller 1954: ix: Morrison 2015: 159, n. 29）。

（4）モリソンや田中は、ウィザースプーンがエディンバラ大学の学生時代から多大な影響を受けてきたのはハチスンの道徳哲学であったと分析している（田中 二〇一二：三〇一、三四〇―三四一：Morrison 2015：51-53）。

（5）ウィザースプーンは、スコットランドにおいてリードのコモン・センス学派のメンバーに加わってはいなかった（田中 二〇一二：三四〇―三四一）。

第一節　スコットランド哲学のアメリカにおける拠点、ニュージャージー大学の設立の経緯
――アメリカにおける長老派教会の影響力

一．アメリカにおけるスコットランド

一八世紀の世界には二つのスコットランドが存在し、「奇妙な時間的なねじれ」を生じさせていた。そして、この二つが遭遇した時にアメリカという国家が生まれた――このようなアーサー・ハーマンの主張は正鵠を射ている。ハーマンの説明を整理してみよう。一つ目のスコットランドは、①「新しく洗練されたスコットランド」であり、ここにおいてスコットランド啓蒙思想が生まれ、その開明的で自由主義的な思想は、学術的にも現実的にも、他国の近代化にまで影響を及ぼしていった。二つ目のスコットランドは、近代社会を創出しようとする中で①のスコットランドが克服しなくてはならなかった、②「より古くてより伝統的なスコットランド」である。この①から見ればいわば「後ろ向きの」スコットランドは、アメリカに場を移し、未来に向かってまた別のものになろうとしていた。アメリカの「アルスター・スコッツ（Ulster Scots）」あるいは、「スコッチ＝アイリッシュ（Scotch-Irish）」は、②の「伝統的な長老主義のスコットランド文化を代表している人々」であった。(6) 彼らは概して、プロテスタント教会の長老派に属す厳格なカルヴァン主義者であり、神の前での人間の平等性を信じる平等主義と福音主義（Evangelicalism：聖書の権威を重視し、個人的な信仰体験と福音の伝道を強調する）の下で、あらゆる種類の権威に抗う人々であった。平等を目指す彼らは民主的でもあった。そして、①がアメリカに到着し、①と②が「互いに一種の文化的逆流の形となって遭遇」した結果、アメリカ合衆国が生まれたとハーマンは論じているのである（Herman 2001: 197 邦訳書：二四〇）。

匿名のドイツ傭兵将校の一七七八年の次の言葉は、アメリカ独立の本質的な部分を教えてくれる。「この戦争をどのような名前で呼んでもよいが、アメリカ人の反乱という言い方だけはしないでほしい。それはスコットランド＝アイルランド系長老派の反乱にほかならないからだ」。ジョージ三世（George III, 1738–1820）も、「アメリカ独立戦争」を「長老派の反乱」として認識していたとされる。これらのことからも、アメリカにおけるスコットランド系長老派の影響力がいかに大きかったかがうかがえる（Smylie 1961: 303; Morrison 2015: 141, n29; Morrison 2015: 141, n30; Morrison 2015: 6; Herman 2012: 195 邦訳書：二三七）。

二　アルスター・スコッツと信仰回復運動

このようにアメリカの長老派はアルスター・スコッツが中心となっており、その中でも特に「ニュー・ライト（New Light）」[7]という一派によって、アメリカで一七三〇年代から四〇年代にかけて大覚醒運動[8]が起こったと言っても過言ではないようだ。ハーマンによると、ジョン・ノックス（John Knox, 1514?–72）以来の「スコットランド教会本来の福音主義的情熱」と「スコットランド的カルヴィニズムの情緒的な素質」を持つアルスター・スコッツは、「監督派への燃えたぎる憎悪」と共にアメリカにきた。そして、アメリカにおいてもブリテン臣民としてイングラ

（6）アルスター・スコッツとは、アルスターにスコットランドから移住した人々を指す。アメリカのアルスター・スコッツとは、アルスターからアメリカに来たスコットランド人を指す。

（7）Mailer（2017: 105）. アメリカにおいて生まれ、伝統的な教義や慣習に対して新しい解釈やアプローチを取り入れようとした長老派の一派で、対抗する「オールド・ライト（Old Light）」があった。これが後に、長老派のニュー・サイドとオールド・サイドの分裂の下地となる。

（8）アメリカで起きたプロテスタントの信仰回復（Revival）運動の中でも、「大覚醒」と呼ばれるほど大きなうねりとなった。一七三〇年代から四〇年代にかけて起きた第一次大覚醒と、一八〇〇年代から三〇年代にかけて起きた第二次大覚醒がある。

ンド国教会のために税金を支払わなくてはならなかったことによりその憎しみが増し、宗教的情熱が強くなっていた。そのような彼らは、「祈祷会」や大きな「野外集会」礼拝を催していたが、スコットランドの福音主義にも見られた大げさな劇場型の説教がこれらの集会でも行われ、大覚醒運動の伝道集会の原型となった（Herman 2012: 202-203 邦訳書：二四六―二四七）。「大覚醒」と呼ばれるようになったほど聴衆を熱狂させたこの信仰回復運動は成功し、森本あんりによると、今日にまでいたるアメリカにおけるキリスト教とアメリカ社会の「宗教的確信に根ざしたラディカルな平等観」とそれに端を発した「反知性主義」とを生んだのである（森本 二〇一五：九五：Cf. Hofstadter 2012）。

三．アメリカにとっての大覚醒運動の意義

大覚醒の意義は、宗教的意義のみならず、アメリカの独立への基盤をつくったという政治的、社会的意義も大きいものの、歴史家が看過しがちであったことは夙に指摘されてきた。森本は大覚醒の意義について次のように論じている。

信仰復興は、独立革命の三〇年ほど前に起きた出来事である。それは、各人が自分の内面を見つめ、自分に信仰があるかどうかを吟味することを求める。そして、ひとたび確信をもつことができれば、地上のいかなる権威を怖れることもなく、大胆に挑戦したり反逆したりする精神を準備する。このような自主独立の精神が、この自覚と平等の意識を培い、結果的にアメリカ社会を独立革命へと導き、その後の民主主義の発展を促したことは、容易に想像できるだろう。（森本 二〇一五：九二）

このように、アメリカ独立戦争が起きる約三〇年前に起きた信仰回復運動によって、アメリカ独立の精神的な準

備が始まったことを森本は述べている。ペリー・ミラーは、愛国的な熱情を喚起させるのにプロテスタントの説教がどれだけ効果的であったか、未だ十分に認識されていないと論じていた（Miller 1967：97；Morrison 2015：79）。大覚醒は「アメリカの国としてのアイデンティティの始まり――独立革命の始点――」であった（Morrison 2015：79）。

アメリカ独立にとっても重要な意味を持つことになった大覚醒運動を、いわば「プロデュース」したのは、長老派であった。大覚醒の主役の一人、神学者で説教者のジョナサン・エドワーズ（Jonathan Edwards, 1703–58）は、ノックス以来のスコットランドのカルヴァン主義が掲げたキリストの王国、すなわち千年王国がアメリカに到来し、長老派だけでなくすべてのプロテスタントが「正しさ」によって、「キリスト教連邦」を形成することを説いた。この運動を支えた重要人物が、後にニュージャージー大学を設立したウィリアム・テネント（William Tennent, 1673–1746）とその息子達だった（Herman 2001：203–220 邦訳書：二四七―二四八；田中 二〇一二：二六九―二七〇）。

一方、アメリカで大覚醒運動が盛り上がった時期は、ヨーロッパにおける啓蒙思想開花期でもある。エドワーズは、ジョン・ロック（John Locke, 1632–1704）やアイザック・ニュートン（Isaac Newton, 1642–27）等の哲学や科学的な考えを援用し、宗教を合理的に説明しようとした。このこともまた、アメリカの宗教的特質を形成した。

四．大覚醒運動と長老派の分裂――テネント父子によるニュージャージー大学設立へ

ウィリアム・テネントは、「丸太大学（the Log College）」と称された、北米初の長老派の神学校を創設した。その最初の卒業生の一人が、息子のギルバート・テネント（Gilbert Tennent, 1703–64）だった。ギルバートが同行し支えた、大覚醒のもう一人の主役であるジョージ・ホイットフィールド（George Whitefield, 1714–70）の信仰回復のための二四日間のニューイングランドの伝道の旅（「大巡回」）は、人々を熱狂の渦に包み込み、大成功を収めた。しかしこれが、アメリカの長老派を「新党派《ニュー・サイド》（信仰回復派）」と正統派の「旧党派《オールド・サイド》（信仰回復反対派）」とに分裂（the Old Side-

New Side Controversy, 1741–58）させるきっかけとなった。ハーマンによると、ペンシルヴェニアの「教会会議（synod）」が、聖職者は会衆を支配するだけでなく、霊感をも吹き込むべきだというウィリアム・テネントの主張を不当とし、丸太大学を閉鎖する決定を下したのに対し、ウィリアム・テネントが異議を唱えた。ギルバート・テネントが一七四四年にフィラデルフィアの教会のニュー・サイドの牧師となると、ニュージャージーとニューイングランドにまで影響を及ぼすようになった。そして、テネント父子達によって、一七四六年に新たに長老派の大学、ニュージャージー大学が設立され、エドワーズが初代学長となった。

ニュー・サイドの勢力を拡大するためにつくられたニュージャージー大学であったが、長老派内部の分裂が解消され始めると、宗派によらない学び場になっていった。しかし、初代学長エドワーズが就任後ほどなくして逝去する等の不運に見舞われたこともあり、二〇年間で五人も学長が変わった。このため、持続性と安定性を大学にもたらすことのできる学長として白羽の矢が当たったのがウィザースプーンだった（Herman 2001: 204–20 邦訳書二四八―二五〇：田中 二〇一二：二六九―二七四）。

第二節　ウィザースプーンがニュージャージー大学学長に選ばれた理由

一．ラッシュによるウィザースプーンの説得

ニュージャージー大学は、一七六六年一一月にウィザースプーンに手紙を出し、学長就任を打診した(9)。スコットランドのペイズリーで教区牧師として高い評判を得て充実した生活を送っていたウィザースプーンは、この申し出を即座に受け入れることはできなかった。そこで、ウィザースプーンの説得にあたったのが、エディンバラ大学に留学していたベンジャミン・ラッシュ（Benjamin Rush, 1745–1813）だった。ラッシュは、ニュージャージー大学卒業

後、丸太大学卒業生の著名な医師ジョン・レッドマンの下で研修した後、医学の研鑽を積むためにエディンバラ大学に進んだ。ラッシュは一七六七年一〇月にリヴァプールに到着し、当時ロンドン滞在中のベンジャミン・フランクリン（Benjamin Franklin, 1706–90）の紹介で、エディンバラではデイヴィッド・ヒューム（David Hume, 1711–76）を含む様々な著名人と会う機会を得た。後述するように、この時期はスコットランドの長老派教会(10)もアメリカと同様に分裂していた。アメリカの大覚醒運動の雰囲気の中で育ち、ニュージャージー大学で教育を受けたニュー・ライト、ニュー・サイドの申し子とも言えるラッシュにとっては、ヒュームの懐疑主義や、「リベラルな」新しい時代の宗教観を持つ「穏健派（Moderates）」よりも、スコットランド長老派教会の伝統的精神を継承している福音主義を掲げる「福音派（Evangelicals）」の一派「民衆派（Popular Party）」の方が共感できただろう（Collins 1912 : ix）。そしてラッシュは、ニュージャージー大学学長就任をウィザースプーンに受諾してもらうべく説得するという重要な役割を果たすために、ペイズリーに行った。四三歳のウィザースプーンは、後述するように神学者、説教者として名を成し、牧師として教区民に信頼されていた。ウィザースプーンは、そして特に彼の妻は、アメリカへの移住を躊躇していたが、ウィザースプーンにとってアメリカは魅力的でもあった。一七五〇年代以降穏健派に負け続けていたスコットランドの福音主義者達は、「かの偉大なる構想」あるいは、神が選んだ民との新たな盟約のために定めた場所は、スコットランドではなくアメリカなのではないかと考え始めていた。ニュージャージー大学を偉大なる構想の教育上の中核とする機会を見逃すべきではないという思いが、ウィザースプーンの中でも大きくなったので

(9)　ウィザースプーンの友人で牧師のトマス・ランダールは、是非この申し出を受けるようウィザースプーンに手紙を送った。しかし、この手紙が到着した時には既にウィザースプーンはアメリカに行く決意がついていた（Morrison 2015 : 84）。
(10)　スコットランド長老派教会は、カルヴァン主義の強い影響を受けているプロテスタントの一派で、一六世紀の宗教改革により発展した。教会の統治において牧師と長老が共同で教会を運営する長老制を採用している。

はないかと思われる。一七六八年二月に、ウィザースプーンはラッシュに学長職を受諾することを告げた。そして同年八月にプリンストンに到着すると大歓迎を受けた（Herman 2001：205-206 邦訳書：二五一―二五二）。

二．なぜウィザースプーンが選ばれたのか？　ウィザースプーンとはどのような人物か？

ニュージャージー大学がウィザースプーンを学長に選んだのは、ウィザースプーンには正統的な長老派の精神があり、また、ニュー・サイドとオールド・サイドの分裂から教会を救い出すことのできる人物であると考えたからだった。何故この判断が下されたのか。ここで主な理由を三点挙げる。

（一）国際的に有名だったウィザースプーン

第一の理由として、ウィザースプーンがスコットランド長老派教会の民衆派を代表する牧師として、イギリスのみならず、ヨーロッパ諸国とアメリカにおいて高名であったことが挙げられる。彼は、いわば国際的に有名な民衆派牧師だったのである。彼を有名にしたのは、穏健派との対立の中で書かれた二冊の本、『教会人の諸特徴（*Ecclesiastical Characteristics*）』（一七五三年）そして、『演劇の性質と効果についての真剣な考察（*A Serious Enquiry into the Nature and Effects of the Stage*）』（一七五七年）だった（Morrison 2015：5；Witherspoon 2015b；Witherspoon 1757）。ウィザースプーンは穏健派に対して、様々な問題で断固とした対決姿勢を見せた（Miller 2015：11）が、その中でもパトロン権法と牧師推薦制度（patronage）をめぐる問題[11]と、スコットランドで当時認められていなかった演劇の上演の是非をめぐる問題[12]は、大きな問題だった。ウィザースプーンは、特に『教会人の諸特徴』によって穏健派批判の先鋒に立つ民衆派のリーダーとして認知されるようになり、その内容は、穏健派にさえ称賛されたと言われている（Herman 2001：204-205 邦訳書二五〇）。一三歳で牧師になるべく入学したエディンバラ大学で、後に穏健派知識人と称されるようになったファーガスン、ウィリアム・ロバートスン（William Robertson, 1721–93）、ヒュー・ブレア（Hugh Blair, 1718–1800）等と共に学び、彼らと同じ人文主義的な教育を受けていたウィザースプーンは、穏健派の長所と短所をよく理解していたのである（Morrison 2015：5；Collins 1912：viii）。

（二）アメリカ長老派教会の分裂を解消できる人物として

ウィザースプーンが学長に選ばれた第二の理由は、先述のようなアメリカの長老派教会の分裂を解消してくれる人物なのではないかという期待からであった[13]（Mailer 2017：136–137）。スコットランドの一八世紀前半は、アメリカと同様に信仰回復運動期であったのと同時に、ロックやニュートンの影響下で人間の理性とサイエンス（科学、学

（11）牧師推薦制度（patronage）をめぐる問題については、次を参照のこと。青木（二〇一〇：四一―六六）。

（12）いわゆる「演劇論争」では、ファーガスンも小冊子「演劇論 *the Morality of Stage-Plays Seriously Considered*」（一七五七年）を発表した。演劇論争については、天羽康夫が詳細に論じている。天羽（一九九六：九六―一一一）。次も参照のこと。青木（二〇一〇：六〇―六一　注三一）。

（13）田中はスコットランドにおける信仰回復運動について、次のように説明している。「一七三〇年代から四〇年代にかけて、奇しくも大ブリテンの周辺、プロヴィンスのアメリカとスコットランドで福音主義の高揚が起こった。アメリカではジョナサン・エドワーズがその象徴的人物である。スコットランドではキャンパスラングのウィリアム・マカロックが『グラスゴウ週刊史』でブリテン全体の、特にスコットランドとアメリカにおける信仰回復を宣伝した。」（田中 二〇一二：三〇〇）：「ジョン・アースキン（John Erskines, 172?–1803）も同じ頃エディンバラで学び、ウィザースプーンと同じく、民衆派の指導者となる。彼はホイットフィールドやジョナサン・エドワーズの友人となり、熱狂的な福音主義運動に関与する。スコットランドでは、一七四二年に福音主義運動が頂点に達した。グラスゴウの近郊、キャンパスラングでウィリアム・マカロックとジョージ・ホイットフィールドが説教を行い、数万人が熱狂に踊った。その影響を受けて、アースキンは『時代の兆候』（一七四二年）を書き、千年王国を待望する上でのスコットランドの教会と同等の役割を植民地の教会にも与えた。アースキンはその後、アメリカ植

問）の力を信じる啓蒙思想の開花期でもあった。そして、アメリカの長老派教会と同様に、スコットランドの長老派教会は内部分裂していた。長老派教会にはいくつかの党派があったが、一七三三年には牧師推薦制度の是非をめぐって党派間の対立が深まった。また、スコットランド国教会から分離し、独立教会（Secession Church）を設立した党派があったが、この分離した教会も内部でさらに分裂した。このようなスコットランドの宗教界の状況は、アメリカの状況と似ていた。

さらに、民衆派としてのウィザースプーンの立場は、穏健派とは対立関係にあったが、信仰回復運動の中心だったジョン・アースキン（John Erskine, 1721?–1803）ら熱狂派とも距離を置いていた。ウィザースプーンと同時期にエディンバラ大学で学んだアースキンは、ウィザースプーンと同様に民衆派の指導者となった。しかし、アースキンがホイットフィールドやエドワーズと共に大覚醒運動を展開したのに対して、ウィザースプーンはこれに関与しなかった。ウィザースプーンが、アメリカ長老派教会内の分裂を解消する適任者として期待されたのは、民衆派のリーダー的な存在であり、学識豊かで、長老派と熱狂派の中間的立場で活動してきたことが大きいと思われる（田中二〇一二：二九九、三四一）[14]。

（三）正統的な長老派の精神の持ち主として

第三の理由として、そして最も重要な理由として、ウィザースプーンが教会内の対立の中で、民衆派として正統的な長老派の福音主義の精神の持ち主として認められ尊敬されていたことが挙げられる。既述のように、ウィザースプーンは大学卒業後牧師になり、福音主義の民衆派の牧師として活躍するようになった。長老派教会はいくつかの党派に分かれていたが、当時優勢だったのは穏健派だった。ここで穏健派と民衆派それぞれの特徴を確認する。

まず、穏健派の特徴から検討する。穏健派は、理性と寛容を重視する自由主義で、教会と社会の安定と調和を図ることを目指した。彼らは、教会の教義や儀式においても柔軟な姿勢を持ち、社会改革にも積極的に関与した。リチャード・シャーは、教会と大学に跨って活躍した「穏健派知識人」がスコットランド啓蒙の中核を担ったことを論じた（Sher 1985）。穏健派が台頭した主な社会的背景として挙げられるのは、一七〇七年のイングランドとスコットランドの合邦後にスコットランドの事実上の統治者となったアーガイル公爵（Duke of Argyll）が、寛容な自由主義者で、スコットランドの近代化を急務と認識した開明貴族であったことである。進取の精神を持った穏健派は、アーガイル侯爵の庇護の下で、教会、大学、法曹界等で活躍することができた（田中 二〇一二：二九一）。

合邦から一七四五年のジャコバイトの乱までの間、スコットランドの合邦体制にとっての脅威は、ジャコバイト勢力そしてそれを支持するフランス、カトリック勢力だった。穏健派は体制派であったが、それは、反ジャコバイトのためでもあった。一方で穏健派は、ブリテン政府のカトリック解放政策を寛容への前進として支持した。自由主義、寛容、経済発展、文明化、洗練、進歩と改良を目指す穏健派はスコットランド啓蒙の本流であり、体制派であったことにより特徴付けられる。換言すると、スコットランド啓蒙は、中心となった人々が体制派であったからこそ開花したのだった（田中 二〇一二：二九四―二九五）。

また、先述のように一八世紀前半に起きたスコットランドの信仰回復運動も、穏健派にとっては、熱狂と狂信への回帰として警戒の対称だった。ノックスとジョージ・ブキャナン（George Buchanan, 1506–82）の宗教改革は伝統を解体したが、社会を混乱させ、人々の間に不信感を醸成し、魔女狩りも続くなどその後遺症は長く尾を引いた。こ

民地のエドワーズ、トマス・プリンス、ウィリアム・クーパー等と文通を続けた。」（田中 二〇一二：二九九）。

（14）しかしながら、ウィザースプーンは分裂を解消するには適任ではないと反対する者もいた。ジョン・ラスロップは、ウィザースプーンが穏健派を風刺した『教会人の諸特徴』を書き、スコットランドの長老派の亀裂を深めていたと主張し挙げ、分裂を解消するのにふさわしい人物ではないとして反対した（Mailer 2017：136–137）。

のため穏健派が何よりも防ぎたかったのは、熱狂と狂信が生み出す惨事だった。このため、田中によると穏健派は「信仰を軽視したわけではないが、それにもまして道徳哲学の形成に力を注いだように思われる」（田中 二〇一二：三〇〇）。

次に民衆派の特徴を検討する。民衆派は、穏健派に対抗する形で、より厳格な教義と道徳、信仰の実践を重視し、個々の信仰と宗教的熱意を強調した。民衆派は、教会の民主的な運営を重視し、教区民の意見を尊重しようとする。教会の意思決定において信徒の参加を促した。平等なコミュニティを目指したため、しばしば社会の下層階級の支持を得た。穏健派と民衆派の対立が特に表面化したのは、ジャコバイトとフランスの脅威があった一七四五年以降である。カトリックと専制政治、フランスとを結びつけるレトリックは、穏健派のものである以上に民衆派のもので、そのような民衆派は政府のカトリック解放政策に反対し、穏健派と対立した（田中 二〇一二：二九五）。

ウィザースプーンは、シャフツベリやハチスンの思想的影響下にあるロバートスンら穏健派による「啓蒙された」長老派教会は、強力なパトロン（政治的庇護者）に依存し権威主義的であること、そして民衆派に対していわば上から目線であることを『教会の諸特徴』で批判した（Witherspoon 2015b：94）。

穏健派と民衆派の特徴を端的に言えば、穏健派が自由主義的で、開明的で、寛容を目指す、当時の主流派であったのに対して、民衆派は厳格なカルヴァン主義の伝統を重んじ、保守的で、穏健派の批判者だった。

しかし他方で、歴史家達が指摘してきたように穏健派のもう一つの特質は、パトロン権法にもとづき教区民の意見を軽視することにあり、自由主義的ではあったが民主主義的ではなかったと言えるのである。民衆派が批判したように、教区民の生活はパトロンの恣意に晒されていたとも言えるのである。

一方、民衆派のもう一つの特質は、権威主義的なものに抗うことと、民主主義的であることにあった。民衆派のリーダーになったウィザースプーンは、穏健派の自由主義によって人々は敬虔でなくなり、信仰の実践の伝統的な基準が弛緩したと主張した。そして、穏健派とは異なり民衆に向かって説教しているのが民衆派であること、そして、誰が教区牧師になるのかについても、福音がどのように説かれるのかについても、民衆の意見は反映されるのに値するという思想を持っているのが民衆派であることを論じた。ここからわかるように、ウィザースプーンは民衆派として、平等主義で民主主義的であった。しかし、ウィザースプーンが民衆派のリーダーとして「融通の効かない、血気にはやる反動主義者ではなかった」のは、穏健派知識人達と同じ人文主義的な教育を受け、開明的で自由主義的な思想も持っていたことに由来していた（Herman 2001：205 邦訳書：二五〇：Collins 1912：ix）。

ここで重要な点として留意しなくてはならないのは、ミラーが指摘するように、ウィザースプーンが教区民の権利のために戦っていたのは、急進的な民主主義者だったからではなく、あくまでも宗教的な保守主義者だった故に平等主義だったからという点である。ウィザースプーンは、社会全体が信心深くなることと、そのような信心深い宗教的社会における宗教的実践（practical public piety）によって、社会がよりよくなると考えたのである（Miller 2015：13–14：田中 二〇一二：三〇三）。

穏健派がリベラルである一方でブリテン政府を支持する体制派（保守派）であったこと、そして、ウィザースプーン等の民衆派が反リベラルで伝統を重んじる保守派である一方で、平等主義で民主的で、権威主義的なものと戦う反体制派であったことは、アメリカ独立問題をめぐる態度にも表れていた。穏健派はリベラルだが、体制派としてアメリカ独立には概して反対で、ウィザースプーンは伝統主義だが、反政府でアメリカ独立には賛成だった。保守的であるのにアメリカ独立を支持したウィザースプーンの思想に整合性はあるのかないのかということが、先行研究において夙に議論されてきた(15)。しかし、この問題を考える上でやはり重要なのは先述のミラーの指摘である。つまり、ウィザースプーンがアメリカ独立を支持したのは、民主主義者であったからではなく、何より宗教的な保守主義者だったからなのである。そしてそれを思想的に下支えしたのがコモン・センス哲学であったと言えるだろう。

第三節　ウィザースプーンの教育と実践

ここまでウィザースプーンがニュージャージー大学の学長に選ばれた理由を検討してきたが、本節では、ウィザースプーンがニュージャージー大学で何をしたのかを概観する。ウィザースプーンは、アメリカこそが神の偉大な計画を、そしてカルヴィニズムを実現する場であると考えてアメリカに移住した多くの人の一人だったとも言えるが、アメリカでの活躍は他を凌駕していた。ウィザースプーンは、アメリカの大地を踏みしめるのも、また、教育機関で仕事をするのも初めてだった。しかし彼は有能かつ適応力が高く、合理的で働き者で、カルヴィニズムを体現したような、しかもユーモアを備えた魅力的なその人柄によって、ニュージャージー大学と長老派教会の置かれた状況をよく理解し、一七六八年八月にプリンストンに到着すると、精力的に働き、次々と大学と教会の改革に着手した。大学では、学長職以外にも、大学代表弁士として、哲学科、歴史学科、英語学科の学科長として、また、日曜日の大学礼拝堂の説教者としての職務にあたった。学生にフランス語とヘブライ語の個人指導もした。また、大学後援のグラマースクール（中等学校）を再編成し、自ら校長になった（Miller 2015：21）。

ニュージャージー大学は、既述のように、アメリカ長老派の分裂が解消され始めた頃からニュー・ライト以外の学生も志望してくる開かれた大学になっていった。ウィザースプーンは、学問《サイエンス》は宗教の敵ではなく同盟者であり、「自由な精神と自由な探求心を育てる」という、「自由」を根幹とした教育をさらに発展させた。ハーマンによると、ウィザースプーンは「狭い了見の福音主義のタカ派とは全く正反対」（Herman 2001：206　邦訳書二五二）であり、教育の目的とは、宗教上の正統派教義を教え込むことにあるのではなく、心と精神の能力を高め、良心を完全なものへと深めることにあると考えた（Miller 2015：22）。また、大学の目的とは、社会にとって有用な人材を育成することにもあると考え、ニュージャージー大学を聖職者と神学者を養成するための専門教育の場としてだけではなく、世俗社会の、すなわちアメリカ社会のリーダーを養成するための場にもする構想を持っていた（Collins 1912：xi）。学生に対して、アメリカ人として、アメリカを新しい未来に導く義務があると考えるよう求めたのである[16]。また、卒業生が大学院に戻り学ぶように尽力し、公共的な仕事に就くための大学院のプログラムをつくった。ウィザースプーンの教え子で大統領になったジェイムズ・マディソン（James Madison, 1751–1836）は、プリンストンにおいて神学以外を専攻した最初の大学院生であった。プリンストンが「国士の大学」と呼ばれるようになったのはウィザースプーンの功績である。ウィザースプーン自身も、世俗社会のためにも貢献するという理念を身をもって実践し、アメリカの建国の父の一人となった（Herman 2001：207–209 邦訳書二五二―二五五：Miller 2015：21–22；Collins 1912：xi；Nash 2024）。

（15）「ウィザースプーン問題」とも称されているこの問題について、田中は次のように述べている。「しかし、これはいささか大げさかもしれない。というのは、スコットランドの保守的な正統派＝民衆派は、時のブリテン政府に批判的で、アメリカに対しては同情的であって、それはウィザースプーンに限ったことではなかったからである。確かに独立宣言に署名したスコットランド出身者は、ジェイムズ・ウィルソンを除けば、ウィザースプーンだけであった。それは彼が代表的人物であったことを表している。反政府、親アメリカという点で、ジョン・アースキンが率いるスコットランド教会の民衆派は穏健派と対決していた」（田中 二〇一二：二九四）。ミラーは、「リベラル」と「保守」といった分類は、社会的実践の中で何を意味するかを吟味しなければ意味をなさないと述べている。穏健派の社会的実践においては、ハチスンの自由主義的な政治的理念が保守的な政治的実践につながることがわかるが、合邦後のスコットランドと独立前のアメリカでは社会的状況がかなり異なるので、アメリカでは同じ理念が革命的になり得る（Miller 2015：4；Fleischaker 2003：329）。

（16）この結果、ニュージャージー大学には、プリンストン近辺以外の遠方からも学生が集まり、非長老派の学生も集まった（Miller 2015：21）。

このような教育理念の下で、ウィザースプーンが主としてモデルにしたのは、自らの母校で、当時最高峰の大学の一つであったエディンバラ大学だった（Herman 2001：207 邦訳書二五二：Atiyah 2012：592–593）。また、ハチスン等がグラスゴウ大学で採用した、人文主義的な教育課程を参照した（Miller 2015：22）。

ウィザースプーンは英語教育に力を入れ、雄弁術《レトリック》も重視した。グラマースクールにおける英語教育を強化した他、アメリカの他のグラマースクールにも英語教育を推奨した。ニュージャージー大学の入学試験の試験科目に英語を入れたが、これはアメリカの大学で初のことであった。大学においても四年間の英語教育、最後の二年間の雄弁術《レトリック》と批評の講義科目を設置した。彼の死後に出版された講義録『雄弁について』は、アメリカ初のレトリック論となった（Witherspoon 1815a：Nash 2024）。彼は、学生に「彼らが生涯、生活の中で話し書かなくてならない言語の趣向《テイスト》（taste）、適切さ（propriety）、正確さ（accuracy）」を教えなければ、大学は「不完全」であると述べ、このような教育の現実生活志向は、大学院のプログラムにも反映された（Witherspoon 1815c：268：Miller 2015：22）。また、彼はスコットランドにあった様々なクラブを参考にして、知的な討論をするための学生クラブを大学に二つ設立した。(17)そして、大学のナッソーホールはほとんど毎晩、学外の一般聴衆にも開放されて、演説会と討論会が行われた。これはもちろん、英語と雄弁術《レトリック》を重視する教育方針と、リーダー育成の教育方針の下で、聴き手に対し、説得力を持って論理的に話せるようになることを目指したものであった。このことによって、キケロ以来の雄弁術《レトリック》重視のコモン・センスの思想と哲学をウィザースプーンが実践していたことが確認できる（Nash 2024）。

ウィザースプーンは、自らの道徳哲学講義やグラマースクールで、ハチスンや、ヒューム、ファーガスン、ブレア、ロバートスン、アダム・スミス（Adam Smith, 1723–90）等のかつての論敵や、自身と相容れない思想の著作も課題図書にする等して用いた。このことは先述の「自由な探求の精神」に基づいており、読んでみなければ評価も批判もできないことを教えたのである。実際、ウィザースプーンの教え子のマディソンのアメリカ合衆国憲法草稿は、ヒュームから多大な影響を受けていた（Herman 2001：204 邦訳書 二五四：Miller 2015：22）。
また、ウィザースプーンが着任した頃のニュージャージー大学では、初代学長エドワーズの影響が浸透しており、特にジョージ・バークリ（George Berkeley, 1685–1753）の観念論が支持されていた。ウィザースプーンは、エドワーズの影響を一掃し、スコットランドの哲学を基礎とする教育体系を導入した。バークリ主義を一掃し、リードとスコットランドのコモン・センス学派の現実主義を導入したのである（Nash 2024）。このことについて、田中は次のよう述べている。

徳や義務を人間本性と道徳感覚に基礎をもつものとして把握し、哲学の対象としたウィザースプーンにとって、徳も義務も神の恩寵に直結し、信仰の対象にしてしまうエドワーズ達の主張は、受け容れることができるものでなかった。冷静な福音主義者と熱狂的な福音派の影響は大きかった。（田中 二〇一二：三四一）

このようにウィザースプーンによってニュージャージー大学にスコットランドの哲学が導入されたことの影響は多大だった。スコットランドのコモン・センス哲学は、ウィザースプーンがプリンストンに来る前から知られていないわけではなかったが、その後の二〇年間でプリンストンの大学の伝統的な哲学になったのみならず、アメリカの哲学になった（Collins 1912：xxi）。彼の下でプリンストンは、アメリカの福音主義的情熱とスコットランドの近代的人間中心主義とがきわめて重要な出会いを果たす場所となり、「植民地文化の中にスコットランドの思想が流れ込んでいく主要な水路にもなった」のである（Herman 2001：207–209 邦訳書 二五二―二五五）。

---

(17) スコットランド、特にエディンバラには様々な規模と目的の知的、社交クラブがあった。代表的なものに民兵論争の中心となったファーガスンのポーカークラブがある（青木 二〇二〇：九）。

ここで注意しなくてはならない点がある。リードのコモン・センス哲学はヒュームの懐疑主義を否定するところから始まった。また、コモン・センス哲学を広めたほとんどの人が、長老派牧師だった。とはいえ、ヒュームに対するコモン・センス哲学の論争は、認識論とその方法論をめぐるものだったのであって、神学をめぐる論争ではなかったのである。ミラーが指摘するように、リードはヒュームの不信仰を非難したのではなく、また、リードの哲学は、「長老派の哲学者にとってのよい教義」だったわけではない（Miller 2015：22, 159 n. 33.）。

しかしながら、ウィザースプーンのコモン・センス哲学はどうだろうか。ウィザースプーンは、いわばアメリカにおいてキリスト教共和国を実現すること、つまり神の偉大な計画を実現するためにその身を捧げていた。スコットランドでは民衆派として穏健派に対して、アメリカにおいてはブリテンの支配に対して戦っていたが、その目的は一貫していて、神の「偉大なる構想」を実現するために、それを妨げる「傲慢な支配」に抗うことにあった。アメリカが神の構想を実現する場であるためには、ブリテンの支配から自由でなければならないのである（Witherspoon 2015c：Herman 2001：208–209 邦訳書 二五五）。ウィザースプーンのコモン・センス哲学の内実は、神の偉大なる構想を実現するための教義と言えるだろう。ウィザースプーンはコモン・センスの哲学者というよりは、コモン・センスの哲学を思想的下支えにした実践の人だったのである。

第四節　ウィザースプーンのコモン・センス概念

スコットランドのコモン・センス哲学は、その成り立ちからキリスト教と深く関わっている。コモン・センス学派は、ヒュームの懐疑主義への応答として、宗教的信念を擁護するために「コモン・センス」の概念を用いた。たとえば、ジェイムズ・オズワルド（James Oswald, 1703–93）やジェイムズ・ビーティ（James Beattie, 1735–1803）は、神の存在を「コモン・センス」によって直感的に把握できると主張し、キリスト教の信仰を擁護するために用いた。ウィザースプーンも、不信仰から社会を守るためにスコットランドのコモン・センス哲学を大学でも教えた。そして、ウィザースプーンの理念や信条を下支えしていたコモン・センスの哲学は、キリスト教の信仰を深め、キリスト教の教えを実践することでよりよい社会をつくるといういわば長老派の教義としてのコモン・センス哲学であったと言って差し支えないだろう。最後に、ウィザースプーンは「コモン・センス」をどのようなものと考えていたのかを確認する。

ウィザースプーンは、コモン・センスの二つの意味について、エッセイ「ドルイド僧（Druid, IV）」[18]の中で述べている。一つ目のコモン・センスは、①全ての人間に備わっていることから「コモン」センスと言えるものである。二つ目のコモン・センスは、②多くの人は持っていないが、各社会層にそれを持っている人がいるということから、「コモン」センスと言えるものである。そして、全ての人間は判断力①を有しているが、その判断力のレベルは一様ではなく、全員が高度な判断力②を持っているわけではない。このような②のコモン・センスとは明断で鋭い判断力のことを指しており、ウィザースプーンはこれを「真正のコモン・センス（plain common sense）」と呼ぶ（Witherspoon 1815b：252）。

ウィザースプーンの言う少数の人のみが持つ優れたコモン・センスとは、通常の「常識」という意味のコモン・センス概念とは随分異なる。一体これはどのようなコモン・センスなのか。

ウィザースプーンは、コモン・センスと、「洗練（refinement）」、「学問（science）」、「才能（genius）」（Witherspoon

(18) Witherspoon（1815b）："Druid IV" は新聞 *the Pennsylvania Journal and Weekly Advertiser* に一七八一年に掲載されたエッセイである。

1815b：258）との関係性について例を挙げながら説明する。何かについて秀でた才能を持っている、あるいは高度な教育を受けたものの、現実の様々な場面で、何が適切か判断するセンスが全くない人々がいる。このことについて、「詩人」を例に挙げながら説明する。

偉大な天才の多くは、皆と同じ普通の（common）形式に閉じ込められないことを、権利として主張してきた。（Witherspoon 1815b：258）

天才は、自分はコモン・センスを超越しているからこそ天才なのであって、他の人達と同じ平凡な考え方に基づいて行動しない、コモン・センスに基づくありふれた思考はしないと考える。しかし、天才にコモン・センスは必要であると論じるウィザースプーンによると、創造力を生む感性、学識、想像力は真正なコモン・センスと結びつくことにより優れたものになる。

このコモン・センスの本質は、「良いセンス／良識（good sense）」、「慎慮（prudence）」と結びついた「判断力（judgement）」である（Witherspoon 1815b：261–263）。また、ウィザースプーンは「古の哲学の中でしばしば取り上げられた人間の精神の三つの資質、記憶力（memory）、想像力（imagination）、判断力（judgement）」を取り上げ(19)、判断力を中心にこれらが連関してこそ完全性が生まれることついて次のように述べる。

判断力のない記憶力のある人は愚者であり、判断力のない想像力のある人は気が狂っている。しかし、この優れた性質が両方を支配すると、それらは栄光を獲得し、普遍的な尊敬を集める。人間の行為はこれを土台としていない限り、完全さには到達できない。（Witherspoon 1815b：260）

ここで、ウィザースプーンが「完全さ」に到達することがあらゆる人間の目的であると考えていることが示されており、ファーガスンの「完全可能主義（perfectibilianism）」（青木 二〇二〇：二三―二五）と同様な見解をウィザースプーンが持っていることにも留意したい。

また、コモン・センスは、「増やすことも絶やすこともできない」、「自然の贈り物」（Witherspoon 1815b：253, 257）である。ウィザースプーンによると、①の自然からの贈り物としての判断力コモン・センスは、傲慢で自己満足している人に軽視されがちだ。しかし、才能や学識を高めるためには、実は①が必要であり、才能や学識と①が結びついた時、②の真正のコモン・センスが生まれ、才能も開花する。そのために必要なのは道徳教育である。このようにして②を持った少数の人が生まれる。ウィザースプーンが目指したのはこのような教育、つまりコモン・センスに基づく教育だったと言えるだろう。そして、コモン・センスが人間としての成長の土台であるなら、健全な社会の土台でもある。ウィザースプーンは、「節度（sobriety）、慎慮（prudence）、我慢強い勤勉さ（patient industry）が真正なコモン・センスの純粋な指針である」（Witherspoon 1815b：267）と述べているが、換言すると、道徳的な真面目さ、公共的事柄を遂行する上での慎慮、文明を築く中での我慢強い勤労は、ウィザースプーンの真正なコモン・センスの意味内容であり、社会が健全に発展していくために不可欠な特性なのである。しかしながら、真正のコモン・センスに、全ての人は到達できない。ウィザースプーンは、コモン・センス①を有する人々が、優れたコモン・センス②を有する人の判断に従うことによって生まれるのがよい政治であり、言わばコモン・センスの二重支配の下にある社会が健全な民主的な社会であり、コモン・センスにこそ政治の本質があると主張している（Witherspoon 1815b：252–267；Segrest 2010：67–70）。

（19）Witherspoon（1815b：259）：この内、記憶力と想像力は「自然からの贈り物」である（Witherspoon 1815b：261）。

おわりに

本稿では、ウィザースプーンを通じてスコットランドのコモン・センス哲学がアメリカで広まった社会的背景を検討した。最後に、本稿では検討できなかったウィザースプーンの『人間の情熱への神の摂理の支配』（一七七六年）について触れたい。同書は、一七七六年五月にウィザースプーンがプリンストンで行った演説が出版されたものであり、アメリカ独立戦争時の宗教的リーダーによる政治声明の中で最も重要なものの一つとみなされている（Miller 2015：27）。ウィザースプーン自身のキリスト教的信念と情熱、政治的信念、レトリック教育と自らの実践が結合した集大成とも言えるものであった。この演説において「神の道徳的統治の偉大な諸原理（the great principles of God's Moral Government）」（Witherspoon 1815c：144）、キリスト教をベースとした政治といういわば「政教不分離」が率直かつ明白に主張された。ウィザースプーンは、「アメリカの自由の親友」は、熱意をもって「真のそして神聖な宗教を促進する」人々であり、「あらゆる種類の不敬と不道徳を制圧する」人々であると説く（Witherspoon 2015c：144）。つまり、キリスト教に献身する者が自由を勝ちとるということである。自由と神に献身するキリスト教共和国としてのアメリカを強調したこの説教により、ブリテンからの独立を躊躇していたアメリカの保守派も鼓舞されたとされるが、このようなコンセプトが「デイヴィッド・ヒュームやアダム・スミスの原則からかけ離れた政治的展望」（Herman 2001：210 邦訳書 二五七）で、スコットランド啓蒙の本流の思想ではなかったことは間違いない。

特に日本においては、アメリカ独立におけるキリスト教の影響は軽視されがちであったが、それを下支えしたコモン・センスの哲学と思想については更に看過されてきたと言える。このことは、アメリカという国を理解する上でミスリードにつながってきたのではないかと考えられる。

アメリカという国と、アメリカが体現しているリベラル・デモクラシーについて考察するために、今日のアメリカをキリスト教共和国として理解することの現在性《アクチュアリティ》はあるのだろうか。この問題を考えるために、ウィザースプーンの著作の検討と、長老派の思想と共和主義との関係性、その後のアメリカへの影響についての考察を今後の課題としたい。

文献表

Allan, D.（2002）*Scotland in the Eighteenth Century*, Edinburgh：Pearson Education.

Collins, V. L.（1912）"Introduction," in Witherspoon（1912）：vii–xxix.

DeYoung, K.（2021）*the Religious Formation of John Witherspoon：Calvinism, Evangelicalism, and the Scottish Enlightenment*, London and New York：Routledge.

Fleischaker, S.（2003）"the Impact on America：Scottish Philosophy and the American Founding," Alexander Broadie（ed.）（2003）*the Cambridge Companion to Scottish Enlightenment*, Cambridge：Cambridge University Press：316–337.

Herman, A.（2000）*the Scottish Enlightenment：the Scot's Invention of the Modern World*, London：Fourth Estate（アーサー・ハーマン『近代を創ったスコットランド人――啓蒙思想のグローバルな展開――』篠原久監訳、守田道夫訳、昭和堂、二〇一二年）.

Hofstadter, R.（2012）*Anti-Intellectualism in American Life*, Vintage（リチャード・ホーフスタッター『アメリカの反知性主義』田村哲夫訳、みすず書房、二〇〇三年）.

Mailer, G.（2017）*John Witherspoon's American Revolution*, Chapel Hill：University of North Carolina Press.

Miller, P.（ed.）（1954）*American thought：Civil War to World War I*, New York：Rinehart.

Miller, T. P.（2015）"Introduction," in Witherspoon（2015a）：1–56.

Morrison, J. H.（2015）*John Witherspoon and the Founding of the American Republic*, Indiana：University of Notre Dame.

Nash, G. H.（2024）"John Witherspoon：Educating for Liberty," *Religion & Liberty*, 34（1）, Feb. 19, 2024.（https://www.acton.org/religion-liberty/volume-34-number-1/john-witherspoon-educating-liberty）

Noll, M. A.（1993）“the American Revolution and Protestant Evangelicalism,” *the Journal of Interdisciplinary History*, 23（3）, Religion and History（Winter, 1993）: 615–638.

Segrest, S. P.（2010）*America and the Political Philosophy of Common Sense*, Columbia and London : University of Missouri Press.

Sher, R. B.（1985）*Church and University in the Scottish Enlightenment : the Moderate Literati of Edinburgh*, Edinburgh : Edinburgh University Press.

Witherspoon, J.（1757）*A Serious Enquiry into the Nature and Effects of the Stage. Being an attempt to show, that contributing to the support of a public theatre, is inconsistent with the character of a Christian*, Glasgow : J. Bryce and D. Paterson.

———（1815a）*the Works of John Witherspoon : containing essays, sermons, &c., on important subjects, together with his lectures on moral philosophy, eloquence and divinity, his speeches in the American Congress, and many other valuable pieces, never before published in this country*, Edinburgh : Printed for J. Ogle.

———（1815b）“the Druid IV,” in Witherspoon（1815a）: 251–267.

———（1815c）“the Druid V,” in Witherspoon（1815a）: 267–276.

———（1815d）“Aristides,” in Witherspoon（1815a）: 88–98.

———（1912）*Lectures on Moral Philosophy*, Varnum L. Collins（ed.）, Princeton : Princeton University Press.

———（2015a）*the Selected Writings of John Witherspoon*, Thomas P. M.（ed.）, Carbondale : Southern Illinois University Press.

———（2015b）“*Ecclesiastical Characteristics or the Arcana of Church Policy*,” in Witherspoon（2015a）: 57–102.

———（2015c）“*the Dominion of Providence over the Passion of Men*,” in Witherspoon（2015a）: 126–147.

Wirzbicki, P.（2024）“John Witherspoon, the Scottish Common Sense School, and American Political Philosophy,” *Theology Today*, 80（4）: 395–405.

青木裕子（二〇一六）「啓蒙思想におけるコモン・センス概念の展開とその意義――ヴィーコ、シャフツベリからスコットランドのコモン・センス学派へ」『研究成果報告書　イギリス思想における常識と啓蒙御系譜とその現代的意義についての研究』、七―二一頁。

———（二〇二〇）「アダム・ファーガスンにおけるコモン・センス的リアリズムの検討」青木裕子・大谷弘編著（二〇二〇）『「常識」によって新たな世界は切り拓けるか――コモン・センスの哲学と思想史――』晃洋書房、九―二八頁。

———（二〇二二）「ジャンバッティスタ・ヴィーコにおける雄弁術《レトリック》とセンスス・コムニス概念――共同体の道徳的規範としての

コモン・センスとその文明社会論的意義――」『法学新報』第一二九巻、第三・四号、一―二三頁。

青木裕子・太田寿明・野原慎司（二〇二四）「国際学会報告「Smith, Ferguson and Witherspoon at 300」に参加して」『イギリス哲学研究』第四七号、一三六―一四一頁。

天羽康夫（一九九三）『ファーガスンとスコットランド啓蒙』勁草書房。

梅津順一（二〇〇四）「アメリカ啓蒙と宗教：ジョン・ウィザースプーンの場合」『聖学院大学論叢』第一六巻、第二号、一一―二七頁。

田中秀夫（二〇一二）『アメリカ啓蒙の群像』名古屋大学出版会。

中村雄二郎（二〇〇〇）『共通感覚論』岩波書店。

森本あんり（二〇一五）『反知性主義』新潮社。


（青木裕子）

第六章

アメリカ思想史の文脈から考察するプラグマティズムという思考様式

はじめに

本章は、ヨーロッパの伝統に端を発しながらも、ヨーロッパとは異なる風土と歴史を積み重ねてきたアメリカにおける哲学であるプラグマティズムの形成史をアメリカ思想史の観点から検討する試みである。プラグマティズムの専門的な哲学研究は数多く存在しているが、そもそもこの哲学を生み出した思想史的文脈とはいかなるものだったのだろうか。有用性（practical）が純然たる哲学たり得るか否かについては、必ずしも哲学的検討を要する問題ではない。「真理とは有用なものである」という立場は存在する。しかし「有用であるが故に真理である」という主張には多くの人々は首肯できないであろう。プラグマティズムが哲学として成立している以上は、それが前者の立場に依拠しているとまずは理解する必要がある。この理解を基礎として、プラグマティズムとはいかなる思想史的な文脈から育まれてきたのかを検討してみたい。そのためにはいくつかの補助線を用いて跡づける必要がある。それに先立って、まずはプラクティカルおよびプラグマティズムという言葉についての初歩的な立場を確認しておく必要がある。

歴史学者ダニエル・T・ロジャーズの『競合する真理――独立以来のアメリカ政治におけるキーワード』という著作では、「有用性（practical）」という言葉と「功利性（utility）」という言葉のアメリカの思想風土における区別が論じられている（Rodgers 1989, Chap. 1）[(1)]。同書の中でロジャーズは、「功利性（utility）」という思考様式は、アメリカのピューリタニズムの風土においては、不謹慎あるいは敬虔性を欠くものと捉えられていたのに対して、「有用性（practical）」という概念は、摂理にかなったものと捉えられていたと論じている。それゆえ、特に初期のアメリカ思想史を概観する限り、功利主義（Utilitarianism）という立場は場違いなものとして根づかなかったと結論づけている。プラクティカルという言葉は、宗教的なものであったというのがロジャーズの見解であった。功利主義を拒絶し、プラグマティズムという哲学を生み出した背景が宗教性であったことには、大いに注目する必要がある（谷川二〇二二）。

この観点から、ウイリアム・ジェイムズの『プラグマティズム』（ウィリアムズ 一九五七）という基本的文献の冒頭の叙述を確認してみよう。ジェイムズは、ヨーロッパの哲学の歴史には「合理論」と「経験論」という二つの系譜があるが、どちらに与するかは気質の問題であるとした上で（ウィリアムズ 一九五七：一五）、「私は両種の要求を満足させることのできる一つの哲学として、プラグマティズムという奇妙な名前のものを提唱する。それは合理論と同じようにどこまでも宗教的たることをやめないが、それと同時に、経験論のように事実との最も豊かな接触を保持することができる」と論じている（ウィリアムズ 一九五七：三〇）。イギリスから独立したアメリカは、経験論的思考様式は根強いが、俗に英国経験論といわれるものと決定的に異なっているのが、（宗教的）真理は確かに存在するという立場であり、それは経験を通して到達可能であるという主張である。しかし、そのような経験は無数かつ多様な人々にとって可能なのであろうか。こうした疑問に対してジェイムズは、「すべてわれわれの哲学を最終的に裁くべきものは、そういう感じなのである。最後の勝利を占めるものの見方は、普通人の心にもっとも完全な印象を与える力を持ったものであろう」と述べている（ウィリアムズ 一九五七：三四）[2]。一部の特権的な人々にのみ開かれていた哲学を宗教性によって超克するデモクラシーの国であるアメリカ哲学のあり方を宣言しているのではなかろうか。

そこで本章は、こうした思考様式がプラグマティズムという哲学として洗練されていく南北戦争後の一八七〇年代に形成された「メタフィジカル・クラブ」（メナンド 二〇一一）に至るアメリカ思想の諸潮流を概観し、それらがプラグマティズムという大海に至る過程を検討する。

第一節　「大覚醒」と並行して変容するカレッジの学問

今日、いわゆる「アイビー・リーグ」と呼ばれる世界に冠たるアメリカの大学群の原型となる諸カレッジがアメリカの独立よりもはるか以前に創られたことはよく知られている。しかし、多少の階層による違いがあったとしても、人々のほとんどが過酷な労働に従事せざるを得なかった植民地時代に、こうした高等教育機関が次々と創られた事実は決して等閑視するわけにはいかない。アメリカ植民地における牧師不足という彼らにとっては深刻な事情があったのである。イギリス本国から約五万キロの彼方に存在していたアメリカ植民地は、いわば自前で牧師という専門職を養成する必要に迫られていたのである。ただし、注意しなければならないのは、これらの諸カレッジ

（1）この観点については Author A. Ekirch, Jr. の下記 Review も参考にしている。*The Journal of American History*, 75 (1) (Jun. 1988): 225.

（2）前掲書、34頁。なお本文の「そういう感じ」とは、近代の哲学者たちの難解かつ歪な宇宙理解を列挙して、それに対して、圧倒多数のアマチュア読書人たちが辟易とする「感じ」を指している。

が、狭い意味での神学校ではなかったことであり、神学のみならず、法学、医学も講じられており、これらの専門課程に至る前提としてリベラル・アーツとしてギリシア語、ラテン語、自然哲学、啓蒙哲学といった諸学芸も同様に講じられていた。つまり、植民地時代の諸カレッジは、聖職者の養成のみならず、植民地社会における指導者層の育成も期待されていたと観て良いだろう。

それは、すでにフランクリンやリビングストンのような人々が、早くに創設されたカレッジでは、宗教性が失われていると感じていたことにも示されている（Beal ed. 1941: 87）。たとえば、一番早くに創設されたハーヴァードと二番目に創設されたイェールでは、一七世紀末葉では牧師となった卒業生が約六〇%だったのに対して、一七四〇年代にはそれが約四〇%となっていた。さらにこれら二校を除くカレッジでは、一七九一年には約二〇%の卒業生しか牧師の道を選んでおらず、弁護士、医師の進路を選択する者が多数を占めるようになっていった（Beal ed. 1941: Norman Foerster, "The State University in the Old South," Chap. VII）。

こうした植民地時代の諸カレッジが輩出した人材の職業選択の傾向は、そのカリキュラムが示す特徴の帰結であった。ハーヴァード・カレッジのホリヨーク学長時代（一七三七—六九年）を例にとると、ジョン・ロックの著作、ジョルジュ・グレイブサンドの自然科学、アイザック・ニュートンの学説（Newtonianism）の一般解説、アイザック・ワッツの天文学などに強い力点がおかれ、環大西洋世界における啓蒙主義の時代の影響を濃厚に反映したものとなっている（Sonne 1939: 70）。各カレッジによる多様性はあるが、こうしたカリキュラム構成は、ほぼ全体的な趨勢であった。それゆえ教授陣の顔ぶれも、多様なものとなっていた。

ただし、神学教育が軽視されていたわけではないことには注意が必要である。神学に関しては、啓蒙主義[3]の時代のピューリタンが多数を占めていたアメリカ植民地においても、スコラ哲学、とりわけトマス・アクィナスの神学が講じられていた（森本 二〇〇四）[4]。これに関しては、アーサー・O・ラブジョイ（Lovejoy 1961）[5]が次のように述べている。

一七世紀、一八世紀の思想家たちでさえ、神の世界秩序を論じるときは、『創造者（The Creator）』は常に最も単純で最も直接的な手段で彼の目的を達するということを自明のこととしていた。そしてまた彼らは、「創造者はしばしば、有害なものどうしを互いに均衡させることによって、望ましい結果を導く」と考えていた。その手段として創造者は、均衡という方法（the method of counterpoise）と呼ばれ得るものを利用するのだと考えていた（Lovejoy 1961：38–39）。

このラブジョイの見解からも、植民地時代のアメリカにおいては、スコラ哲学と啓蒙哲学は対立関係にはなかったことが分かる。これは西洋世界の思想史における、ヨーロッパとアメリカの大きな違いとして注目しなければならない。たとえば、アメリカ植民地では一七三〇年代から四〇年代にかけて大覚醒と呼ばれる植民地全体を覆いつくした大規模な信仰復興運動が起こっていたが、まさにその信仰復興運動の最中の一七四三年に、ベンジャミン・

（3）トマス・アクィナスの『神学大全』を読み解いた次の文献を参照のこと。山本芳久（二〇一四）『トマス・アクィナス　肯定の哲学』（慶應義塾大学出版会）。これは後に述べるようにアメリカにおいて、デイヴィッド・ヒュームの懐疑主義的哲学が最終的に受け入れられなかったことと関係している。

（4）植民地時代アメリカの諸カレッジで神学が軽視されていたわけでは決してないことに関しては、たとえば下記の論文がある。森本あんり（二〇〇四：四八）には、「ニューイングランドではカルヴァンの名前はほとんど聞かれないのである」として、四九頁では「（ペリー・ミラーは）教皇制支持を別にすればピューリタンはスコラ主義者であった」と述べていたとしている。

（5）Arthur O. Lovejoy（1961：38）*Reflections on Human Nature*, Johns Hopkins University Press. 同書の中で著者は、「観念的諸問題は、多くの場合、ニュートン主義のパラダイムと一体化していたと述べている。そして、彼はニュートン主義のパラダイムを「均衡（counterpoise）の理論」として特徴づけていた。

フランクリンは、「アメリカ哲学協会」を設立している。信仰と啓蒙思想は、対立関係になかったのである。

大覚醒の中心地であったニューイングランドが一定の落ち着きを示して以降、ハーヴァードにおけるカリキュラムにもゆっくりとではあるが確かな変化が生じている。たとえば哲学については、ヒュームのような懐疑主義的なものは廃れ、常識哲学が重きを成すようになった。一方で、神学については、ユニテリアニズムがハーヴァードの神学教育の基本となった。ユニテリアニズムを簡略に解説するのは極めて困難だが、たとえばジョナサン・イスラエルは、ユニテリアニズムは啓蒙主義思想の一種、あるいは急進的な啓蒙思想であるという見解を示している（Israel 2002: 85-86）。ただし、哲学がより神学に適合的なものとなり、神学が啓蒙主義思想の影響を受けて大覚醒に示された宗教的熱狂主義とは異なるものとなったという信仰と啓蒙思想を対抗関係で理解することには注意が必要である。たとえば増井志津代は、「理性主義と感情主義の対抗的図式は一見明快ではあるのだが、少なくとも一八世紀初頭のボストン会衆派の状況には当てはまらない。プロテスタント主流派が、理性主義と反理性主義に大きく分断されるのは、一九二十年代、二〇世紀に入ってからのモダニストとファンダメンタリスト論争以降であり、十九世紀以前には、少なくとも正統主義においてそのような知的断層は存在していない」と論じている（増井 二〇〇六：二八八）。

ユニテリアニズムをいかに捉えるかについては、ジョン・アダムズがトマス・ジェファソンに送った書簡が示唆的である(6)。

宇宙の創り主についての私の崇拝の念は、強く誠実なものです。神の愛とその創造よ。私自身の存在における喜び、楽しみ、栄光、精神的な高揚と、宇宙における原子、分子構造が私の宗教観です。……私は六〇年もの間、ユニテリアンであり続けています（Adams to Jefferson, December 12, 1812）(7)。

こうしたアダムズの言葉は、哲学においてヒューム的な懐疑主義が廃れて常識哲学に重きがなされるようになったこととも通底している。アダムズとジェファソンへの書簡の中に見られるヒュームに関する意見交換の中で「この書物（ヒュームの『イングランド史』）は、かの国の愛国者たちが熱望する常備軍以上に、イギリス国制の自由の原則を奪っていくものだと私には思われます」（Jefferson to Adams, November 25, 1816）[8]という一致した見解にも示されている。

一般に「建国の父たち」は、理神論者であったと整理されることが多いが、ハーヴァードで学んだアダムズの言葉を読む限り、少なくともユニテリアニズムは理神論とは似て非なるものだったと理解してよいだろう。それは、アダムズの息子であるジョン・クインジー・アダムズのメモワールにも示されている。

私は、唯一の神を信じている。しかし彼の本質は私には理解できないし、ユニテリアンと三位一体論者の間の論争について厳密な信念を持っているわけでもない。確たる見解がないからだ。イエス・キリストが超越的な人（superhuman）であることは確かだが、では彼が神なのか、それともただの第一級の人間であるに過ぎな

（6）アダムズ家の信仰についての研究は次の文献に詳しい。Sara Georgini（2019）*The Religious Lives of the Adams Family : Household Gods*, Oxford University Press. またユニテリアン・ユニヴァーサリスト協会のウエッブサイトでもアダムズの宗教観が紹介されている（http://uudb.org/articles/johnadams.html）。

（7）Adams to Jefferson, December 12, 1812, Lester J. Cappon（ed.）（1988）*The Adams Jefferson Letters : The Complete Correspondence Between Thomas Jefferson and Abigail and John Adams*, The University of North Celina Press, 3：299

（8）Jefferson to Adams, November 25, 1816, National Archives, Founders Online（https://founders.archives.gov/documents/Jefferson/03-10-02-0414）.

いのかは、聖書を読む限り私には明らかにならないのである。(9)

確かに三位一体論やイエス・キリストの位置づけについては、「厳密な信念があるわけではない」し「明らかにはならない」という立場だが、唯一の神の存在については否定していないし、イエスの「神格」と「人格」をめぐる問題は、教父アウグスティヌス以来の神学上の考察の中で伝統的に様々な見解が提示されてきたものであり珍しい議論ではない。そして、こうしたユニテリアニズムにより適合的だったのが常識哲学だったといえよう。

第二節　超絶主義（Transcendentalism）とアメリカ的知性の自立

アメリカは、そのヨーロッパからの地理的懸隔（イギリス本国を拠点とするとおおよそ大西洋を挟んで五万キロの彼方にあった）によりイングランド国教会やローマ・カトリック教会といった強力な中央教会が存在していなかったこと、事実の問題として封建制が存在していなかったことにより、前節で論じたように、ヨーロッパとは異なる知的文化が形成されるに至ったのは確かだが、イングランドを始めとするヨーロッパ諸国からの移民にとっては、考察の材料も、伝統がもたらす常識もあくまでイングランドでありヨーロッパで育まれたものであった。つまり植民地時代のアメリカは、限りなく「辺境」ではあってもヨーロッパの断片ではあった。それゆえ、知的活動においては、あくまで「ヨーロッパの徒弟」であった。

しかし、一七八三年に独立国家としての国際的地位を獲得し、一八世紀の末葉に建国をめぐる知的構想と政治的抗争がなされ、約半世紀の歳月が流れた頃から、アメリカはラルフ・ワルド・エマソンが『アメリカの学者』（一八三七年）（Emerson 2016）で主張したように、「ヨーロッパの徒弟」であることをやめようではないかという潮流が起こる。これはアメリカ思想史でいうところの超絶主義の時代の始まりであった。それはアメリカ独自の思考様式や文学・芸術を求める契機となった。超絶主義の定義は、こうした志向の諸潮流が生み出したものであり、それらは極めて多岐にわたっているため簡単ではないが、概ね共通しているのは、人間中心主義的な観念論と、既存の組織宗教に挑戦し、真理探究における新しい活力を呼び起こしたものだったと概観できよう。エマソンの『自己信頼』（Emerson 2017）という著書の中の次の言葉に端的に示されている。

> 私が完全に自分の内面にしたがって生きるなら、神聖な伝統などを重んじる必要はないではありませんか、と私が言うと、友はこたえて、「でも、そういった内面の力は天上からではなく、地獄から来るかもしれないからね」。そこで私はこたえた。「私にはそうとは思えないのですが、もし私が悪魔の子供なら、悪魔にしたがって生きるだけですね」。私の本質という法則以外に、私には神聖な法則は存在しない。善や悪も、あれこれのものに場当たり的に適用される名前にすぎず、唯一の善は私の本質にしたがうものであり、唯一の悪はそれに逆らうものである。人間はあらゆる抑圧に抗して、あたかも自分自身以外のすべてのものが名目だけの、周辺的なものであるかのような態度をとらなければならない（平石 二〇一一：八三）[10]。

ユニテリアンの牧師を務めていたこともあるエマソンだが、彼が聖職者を辞した理由も彼の主張から明らかであろう。同じ人間中心主義であっても、ヨーロッパにおけるルネサンス（一四世期から一五世期）がもたらしたヒューマニズムにおけるそれとは位相が異なっている。超越的存在を認めた上で、人間各人には、それと同様の本質が存

（9）*Historical Dictionary of Universal Unitarian Universalism, 2th Edition*, 27.
（10）日本語訳は、次の研究に従うのが適切と判断した。平石（二〇一一：八三）。

在し、それにこそ従うべきであり、自己の本質に対して価値判断という観点から介入や強制を行う外部の諸要因などには従う必要はないというのである。それゆえエマソンは人間各人の直感を信頼することを説くのである。これがアメリカ文化史における一九世紀の「アメリカン・ルネサンス」の本質であったと解することができよう。

第三節　アンティ・ベラム（Ante-Bellum）期におけるドイツ・モーメント

一八六一年に南北戦争が始まる手前の時期をアメリカ史ではアンティ・ベラム期という[11]。アメリカでは、この時代にリベラルアーツ教育中心のカレッジが、研究機関としての大学（University）に転換している。ただし注意が必要なのは、カレッジにせよ大学にせよ、その呼称が示す意味内容は様々な文化圏によって多様であることである。たとえば、イギリスにおけるオックスフォード大学やケンブリッジ大学のようなカレッジ群の総称である場合もあれば、革命後のフランスのような技術学校や専門学校が大学を示している場合もある。

アメリカでは、植民地時代からカレッジが創設されていたように、高等教育への熱量は高かったが、「大学」の意味は、あくまでも曖昧であった。それゆえ何を規範とすればよいのかについては模索が必要であったが、アメリカの大学人が選んだのはドイツの大学制度であった（メッガー　一九八〇：五〇八―四三）。一八世紀から一九世紀のドイツの大学には二つの特徴がみられる。第一に、ドイツの大学は、中世以来の神学・法学・医学と共に、哲学の教授団を保持していた。第二に、予備的な授業を下等の学校に付託し、中世的な学生組合や学寮における学生の集団的生活を廃止し、入学する学生の年齢を次第に引き上げていた。これによりドイツの大学教授は親権的責任の大部分から解放された（メッガー　一九八〇：五〇九）。植民地時代のアメリカの知識人たちで留学を経験した人々の多くがスコットランドで学んだことは比較的よく知られているが、アンティ・ベラム期に研究機関としての大学の創設を目指した大学人たちがドイツを範としていたことは見逃されがちである。そしてそれは、制度としてドイツが相応しいと彼らが選択した以上に、その研究目的に適っていたのである。彼らは、ヨーロッパ近代哲学の基礎であるスコラ哲学をドイツで学んでいたのである。たとえば、ジョン・アダムズの曾孫であるヘンリー・アダムズは、帰国後ハーヴァード大学でアメリカ史と哲学を講じていたが、彼もまた専門的に学んでいたのはスコラ哲学であった。一見すると、ピューリタンの風土に生まれ育ったアメリカの知識人たちについての印象としては奇異に思われるかもしれないが、本章第一節で論じた、アメリカの諸カレッジでのカリキュラムの伝統と整合するものである。さらに敷衍するならば、事実の問題としてアメリカでは、ヨーロッパにおけるキリスト教が旧体制における封建制の中核ではなかったし、その社会は会衆派の風土であったことも思い出されるべきであろう。アメリカにおいては、スコラ哲学は啓蒙哲学が克服すべき対象ではなかったのである。これは、同じくスコラ哲学を地盤として形成されたドイツ観念論哲学と多くの類似性を持ちつつも、それとは異なるアメリカ観念論哲学の萌芽となったと理解してよかろう。

第四節　ダーウィニズムの衝撃とプラグマティズムという応答

一九世紀に登場したダーウィニズムが、キリスト教が思考様式を強く規定している西洋世界に与えた影響力の大きさは見落としようがない。それは知識人のみならず、俗化された形ではあったが、社会思想に大きな影響を与え

(11) ラテン語で、ベルム（Bellum）とは戦争という意味であり、アンテ（Ante）とは「〜前」ということを示しているので、直訳するなら「戦前」という意味である。ただし、この言葉が示す戦争は南北戦争である。表記する場合は、アンテ・ベルムとするのがラテン語としては正しいが、アメリカ英語の発音に従い、本章ではアンティ・ベラムと表記する。

た。しかし、そのアメリカにおける受容には明らかな特徴がある。歴史的あるいは思想史的補助線を引きながら考察してみよう。ダーウィニズムが最もアメリカの社会思想に影響を与えたのは、南北戦争が終わり、再建期をへて到来した「金ぴか時代（Gilded Age）」と呼ばれる急激な産業発展の時代である。この時代のアメリカで広範に受容されたのがハーバート・スペンサーに代表される社会進化論というイデオロギーである。[12] それはダーウィンの生物学における「適者生存」および「自然淘汰」という考え方は、人々によって構成される社会にも当てはまるものであり、社会をより高度にするためには、政府が社会に介入しない方がよいという思考に帰着するものであった。この俗化されたダーウィニズムは、人口増加と産業発展著しいアメリカにおけるいわば「勝ち組」に都合の良いイデオロギーとなった。実際に、南北戦争後のアメリカ連邦政府の基本政策は、レッセ＝フェール（自由放任主義）を特徴としており、スペンサーの直接的な影響を論証するのは困難だとしても、同様の発想がアメリカに浸透していたと結論づけるのは許されるだろう。ただし、「ダーウィンは、自然界をたえず変化するものと捉えるヴィジョンを掲げ、そのダイナミズムを生み出す力にはランダム性や偶然のみならず有用性も含まれると論じた」（ローゼンハーゲン 二〇二一：一八三）。この主張が、南部諸州における「モンキー・トライアル」にみられるように、「キリスト教アメリカ」にとっては信仰の根幹を揺るがす衝撃だったことはよく知られているが、それはキリスト教原理主義者（Fundamentalists）を戯画化した世論が特に北部諸州に強かった側面を見落としてはならない。

では、大学において訓練された哲学者はどうだったのだろう。アメリカの思想史研究者ジェニファー・ラトナー・ローゼンハーゲンは、ジョン・デューイは、「哲学に対するダーウィニズムの影響」（一九〇九年）という論考の中で、おおよそ次の三点の主張を行っているとしている。第一に、「ダーウィンのインパクトは、「推移（transition）の原理」をあらゆる探究―生物学や植物学や動物学のみならず、認識論や倫理学も―の基礎としていたことに存していた」、第二に、「ダーウィニズムは「絶対的起源と絶対的終極」を（またアプリオリな目的も）知識論から捨て去り、近代的探究が「特定の諸価値と、それらを生成する特定の諸条件とを探査する」ことを求めた」、そして第三に、「ダーウィニズムは、探究を――自らの主張をどうすれば「実践面でうまくいく」のかを実際にテストしようと考えるくらい――「謙虚にする哲学」」である。(13)

デューイの論考から、ダーウィニズムはアメリカの哲学者にとって、その主張に方法論的根拠を与えたといえるのではなかろうか。ある命題が真なのかは、それが実践上に現れる場合であるというプラグマティズムの哲学的特徴として、デューイはダーウィニズムを肯定的に受け入れていたと読むことができる論考で示しているのである。そして、この論考が書かれた時期からみて、ダーウィニズムもまた「メタフィジカル・クラブ」の成立を促した要因の一つである蓋然性が高いと考えるのは不自然ではないだろう。

アメリカにおけるいわゆる進化論論争は、公立教育の場でダーウィンの進化論説を教えるか否かが問題になった事例、すなわち「近代国家」アメリカのキリスト教原理主義を語る事例として用いられることが歴史叙述の大半を占めるが、信仰と啓蒙が歴史的にも思想史的にも矛盾することなく併存していたアメリカの特徴を明瞭に示していると理解する方が、より生産的な考察を導くように思われる。

---

(12) あえてイデオロギーと表記したのは、スペンサーの社会進化論は、それがダーウィンの『種の起源』に示される生物学的な学説から大きく逸脱した社会思想であったからである。

(13) ローゼンハーゲン（二〇二二：一八三）。この極めて難解な研究書を翻訳した入江の業績に本節は多くを負っている。また本章の着想としては次の研究の影響を受けている。吉田謙二（二〇〇四：一一〇―一八三）「プラグマティズムにおける進化論の影響――プラグマティズムのダーウィニズム的特性を探査して――」『日本デューイ学会紀要』。

おわりに

本章は、プラグマティズムを哲学研究として考察したものではない。プラグマティズムというアメリカ哲学が形成されるに至る諸潮流を歴史的・思想史的に考察したものである。具体的には、植民地時代アメリカのカレッジにおける学問、一九三〇年代から四〇年代の大覚醒、常識哲学、ユニテリアニズム、超絶主義、独立後のアメリカの大学におけるドイツ・モーメント、そしてダーウィニズムをおおよそそれらが登場した歴史に沿って検討し、それがプラグマティズムに収斂したのではないかという観点から考察を行った(14)。

以上の考察から、厳密な哲学的議論としてはやや粗野な主張を行うならば、プラグマティズムという哲学は、「アメリカ的スコラ哲学」なのではなかろうか。歴史学的視座からアメリカ大陸へのイングランド人を始めとするヨーロッパ人の入植が本格的に行われたのは、おおよそ一七世紀の初頭である。それは歴史学的時代区分でいうならば近世であり、事実、アメリカ植民地諸邦は、国王の勅許状をその権利の拠り所としていた。近代啓蒙哲学が市民革命の胎動となり、近代の世俗的国民国家が成立するよりも二世紀ほど前の出来事である。すなわち後にアメリカ人となる北アメリカ大陸への移住者は、信仰と啓蒙哲学が本格的な対立状態に入る前にヨーロッパを離れた人々であった。カレッジで学んだ指導者層は、スコラ哲学と啓蒙哲学を同様に講じるカリキュラムの中で学んでいた。アメリカに移住したイングランド人はあくまで国王の臣民であり、またヨーロッパにおける宗教戦争とも無縁の人々であった。

以上の歴史的経緯をもとに、さらに踏み込んで論じるならば、「アメリカは近代から始まった」という使い古された言説に本章は反対の立場に立っている。アメリカは確かに多元的な世界ではある。しかしながら世界有数のキリスト教国家であることは確かなのである。彼らは、本当にヨーロッパ的な近代を是としている人々なのだろうか。アメリカは、一九七〇年代以降、明確に保守レジームの中にある。具体的には、キリスト教原理主義者が政治空間で大きな座席を占めている、外国人にとっては非常に不思議な超大国である。これは必ずしもアメリカの保守主義者に限ったことではない。ハーヴァード大学の思想史研究者ジェイムズ・クロッペンバーグは、バラク・オバマをR・ホフスタッターの『改革の時代』[15]で描かれる実験者の系譜にあるとしつつも、ニューディーラーのような機会主義者ではなく、プラグマティストとして位置付け、その宗教性についても見落としなく論じている（クロッペンバーグ 二〇一二）。それゆえ「アメリカとは何か」を論じる諸説に、本章は、「アメリカとは、近代的諸価値に完全には舵を切らなかった中世以降の西洋史におけるオルタナティヴである」という仮説を加えたい。それが本章でプラグマティズムを「アメリカ的スコラ哲学」と論じる所以である。そういう彼らが生み出した思考様式がプラグマティズムであったというのが本章の結論である。

文献表

Beal, H. K.（ed.）（1941）*A History of Freedom of Teaching in American Schools*, New York：Scribner's Sons.

Emerson, R. W.（2016）*The American Scholar*, Scotts Valley, California：CreateSpace, Independent Publishing.

Emerson, R. W.（2017）*Self-Reliance*, Scotts Valley, California：CreateSpace Independent publishing platform.

（14）アメリカ哲学の形成におけるドイツ・モーメントは大学制度創設の観点から論じたが、本来ならより踏み込んだ中身としてアメリカにおけるヘーゲルの影響力について考察すべきであったが、筆者の能力を超えるテーマであった。

（15）リチャード・ホフスタッターの同書は、コモン・マンによる宗教性をアメリカにおける改革の思想の基盤におき、革新主義時代とニュー・ディールの時代を分析している。

Cappon, L. J. (ed.) (1988) *The Adams Jefferson Letters : the Complete Correspondence Between Thomas Jefferson and Abigail and John Adams*, Chapel Hill : The University of North Celina Press.
Georgini, S. (2019) *The Religious Lives of the Adams Family : Household Gods*, New York : Oxford University Press.
Harris, M. W. (eds.) (2003) *Historical Dictionary of Universal Unitarian Universalism*, 48vols., Lanham, Maryland : Scarecrow Press.
Israel, J. I. (2002) *A Revolution of the Mind : Radical Enlightenment and the Intellectual Origins of Modern Democracy*, Princeton, New Jersey : Princeton University Press.
Rodgers, D. T. (1989) *Contested Truths : Keywords in American Politics since Independence*, Cambridge, Mass. : Harvard University Press.
Sonne, N. H. (1939) *Liberal Kentucky 1780–1828*, Lexington, Kentueky : The University Press of Kentucky.
Lovejoy, A. O. (1961) *Reflections on Human Nature*, Baltimore, Maryland : Johns Hopkins University Press.
クロッペンバーグ、ジェイムズ（二〇一二）『オバマを読む――アメリカ政治思想の文脈』古矢旬・中野勝郎訳、岩波書店。
谷川嘉浩（二〇二一）『信仰と想像力の哲学――ジョン・デューイとアメリカ哲学の系譜』勁草書房。
平石貴樹（二〇一一）『アメリカ文学史』松柏社。
ホフスタッター、リチャード（一九八八）『改革の時代――農民神話からニューディールへ――』清水和久訳、みすず書房。
ジェイムズ、ウィリアムズ（一九五七）『プラグマティズム』桝田啓三郎訳、岩波書店。
メナンド、ルイ（二〇一一）『メタフィジカル・クラブ』野口良平・那須耕介・石井素子訳、みすず書房。
増井志津代（二〇〇六）『植民地時代アメリカの宗教思想――ピューリタニズムと大西洋世界』上智大学出版。
メツガー、W・P（一九八〇）『学問の自由の歴史』新川健三郎・岩野一郎訳、東京大学出版会。
森本あんり（二〇〇四）「ジョナサン・エドワーズとプロテスタント・アメリカの理念」『アメリカ研究』38号、国際文献社、四一―五九頁。
ローゼンハーゲン、ジェニファー・ラトナー（二〇二一）『アメリカを作った思想』入江哲郎訳、筑摩書房（ちくま学芸文庫）。

（石川敬史）

第七章
常識が曖昧であるとはどのようなことか
――プラグマティズムの帰結としての批判的常識主義

第一節　常識のもう一つの姿

「常識」（common sense）という言葉が覆う領域は極めて広い。社会的な一般常識と呼ばれるものはもちろんだが、「困った人には、手助けをするべきだ」という、どちらかと言えば「良心」（conscience）に近いものもあれば、「世界は自分が生まれるよりはるか以前から存在していた」という本能的直観に近いものも含まれる。さらには、「目の前に見えているものは存在する」という「知覚判断」（perceptual judgement）に近いものもそれに含まれることすらある。

そのように常識の持つ広がりがとても広いがゆえに、それら「常識」という言葉のもとに包摂される、非常に原初的な感覚（sense）の数々は、ほとんどの人が共有（common）しているものであって、疑いが差し挟まれる余地がほとんどない。それゆえに、通常は意識の上に昇ることもなく、わたしたちの通常の生活を基底から支えているものであろう。

したがって、常識は盤石である、というのが一般的な理解ではないだろうか。そもそも、常識がめまぐるしく変わったりするならば、それを「常識」と呼ぶには相応しくないと考えるのが通常の理解だろう。むしろ、そのときどきで都合のいいように「常識」を恣意的に解釈し、声高に喧伝するのは、権力者や強権的な政体の不当なふるまいだとわたしたちは考えるだろうし、それを批判し、抵抗するための基盤として「常識」は健全な防御壁としての役割を担うことになる。つまり、常識は、多少の環境や時代の変化では揺らぐことなく、私たちの生活や思考、行為を支える堅固さと強靱さを備えているがゆえに、「常識」として認知されるものであろう。

しかし、常識が疑われることなく盤石であるということは、それが活力を失ってしまっているということの裏返しの事態であることも、また認めざるを得ない。たとえば、「常識で凝り固まってしまっている」という表現が意味しているのは、環境や時代の変化に目を閉ざし、それまでの信念にしがみつき、新しい視点を受け容れようとしない頑迷固陋な態度を指しているにちがいない。

このように、わたしたちの生の基底を支える強靱な岩盤のように働く一方で、わたしたちの眼を新しいものから閉ざしてしまう壁のようにも働いている常識の姿は、決して奇異なものではなく、標準的な理解に近いであろう。けれども、これは常識というものの、ほんの一面を示しているだけにすぎないのではないか。というのも、先ほど示した、常識の保守的ともいえる性格は、常識を、変化することのない固定的なものとして捉えることを前提としているからこそ、前面に出てくる姿だと考えられるからである。

しかし、常識を変化しうるものとして、そして、それゆえに、わたしたちの生活や思考、行為をしっかりと支える強靱さを備えていると捉えることも可能ではないかというのが、本章で提起したい見方の一つなのである。

そこで、トマス・リード（Thomas Reid, 1710–1796）をはじめとするスコットランド常識学派の根源的洞察を尊重し、また、それに依拠しつつ、一九世紀後半から始まる新しい時代に相応しい「常識」の姿を提示しようとしたパース（Charles Sanders Peirce, 1839–1914）に注目してみたい。

プラグマティズムの創始者であるパースは、ほぼ生涯にわたって自身の生み出したプラグマティズムという方法論の改訂、修正を試みた。そして、最晩年期に至り、自身のプラグマティズムを、ジェイムズ（William James, 1842–1910）によって人口に膾炙することになったものと区別し、パースいわく、「（その名称が）醜いので、誘拐される心配」のない「プラグマティシズム」（pragmaticism）と呼ぶようになる（EP2：335）[1]。ここには北米を越えてヨーロッパやアジアにまで名声を博していたジェイムズとは正反対に、定職もないまま困窮生活を送っていたパースの屈折した感情が表れていると同時に、プラグマティズムを概念や命題の意味を明確にする方法論に限定することで、その厳密な定式化を図ろうというパースの執念に近い真摯さを見ることができる。

そのプラグマティズムの厳密化というプログラムを遂行していく過程の中、「プラグマティシズムの諸帰結」（Issues of Pragmaticism, 1905, EP2：346–359）という論文において、プラグマティシズムは、批判的常識主義（Critical Common-Sensism）とスコラ的実在論（Scholastic Realism）という二つの帰結を導くとパースは述べる。

この批判的常識主義とスコラ的実在論は、「可能性」および「曖昧さ」（vagueness）に注目している点で共通しているが、この章で問題としたいのは、パースが前者の学説を主張する中で、当面のところ批判の必要がなく疑いの余地のない事柄、つまり常識は、常に曖昧（invariably vague）であるという教説をその中心に据えていることである

（1）一九〇五年、『モニスト』誌に掲載された「プラグマティズムとは何か」（What Pragmatism Is.）において、この名称が提案された。また、パースからの引用は、現時点で最もテキスト・クリティクが信頼できる選集 *The Essential Peirce: selected philosophical writings*. Volume 1 & 2から主に行い、章末の参照・参考文献でも示したように、この二分冊からの引用は、EP 2：335のように前の数字で巻数、後ろの数字でページ数を表した。また本章で扱った論文は植木豊氏によって翻訳がなされており（植木 二〇一四）、適宜、参考にさせていただいた。ここに感謝を申し上げたい。但し、ここに載せた訳文に誤りがある場合は、筆者の責任である。

（EP2：350）。

つまり、パースは、常識が曖昧であるということが、自身の批判的常識主義にとって核となる命題であると考えているわけだが、通常は盤石で変化しないと思われがちな常識が曖昧であるということはどのような意図を持って主張されているのだろうか。

このことの背景を探るために、次節では、現代のプラグマティストであるパトナム（Hilary Putnam, 1926–2016）が挙げたプラグマティズムの四つの特徴に注目してみたい。それによって、パースがスコットランド常識学派を重視した理由を見出す手がかりが得られるであろう。

第二節　プラグマティズムの特徴――可謬主義と反懐疑主義の両立

パトナムは『言葉と生』（*Words and Life*, 1994）という著書の中で、パース、ジェイムズ、デューイという古典的プラグマティストたちに共通するテーゼを四つ挙げ、それらがパースの、そしてとりわけジェイムズとデューイの哲学の基礎となっていると主張する（Putnam 1994：152）。これは研究者たちにしばしば参照されるものでもあるが、[2]以下、その四つのテーゼを列挙すると、

（1）反懐疑主義（antiskepticism）。プラグマティストは、懐疑は、信念と同様に正当化が必要であると考える。

（2）可謬主義（fallibilism）。プラグマティストは、どのような信念であれ、それが将来も改訂不要であるとする形而上学的保証は存在しないと考える。

（3）「事実」と「価値」の原理的な二分法（*fundamental* dichotomy イタリック強調はパトナムによる）は成り立たな

いというテーゼ。

（4）哲学にとって、ある意味では、実践が最も重要であるというテーゼ。

となる。

本章の議論にとって重要なのは、（1）と（2）であることは間違いない。なぜなら、パースがリードらのスコットランド常識学派を高く評価するのは、デカルト主義的な普遍的懐疑を典型とする過剰な懐疑を批判し、懐疑には、ある意味では信念以上の正当化が要求されるという（1）の視点の重要性を認めるからである。また、パースが繰り返し強調するプラグマティズムの最大の特徴は、「絶対的な真理」、つまり永遠不変であり、不可謬な真理の存在を認めないという（2）で示された点にあるからである。

そして当のパトナムは、（1）と（2）に触れた後で、次の一文を加えている。

ひとりの人が可謬主義と反懐疑主義を同時に取り得るというのは、おそらくはアメリカのプラグマティズムだけがなしえた洞察である。（Putnam 1994：152）

このパトナムが指摘した、プラグマティズムだけがなしえた、可謬主義と反懐疑主義の両立こそが、（パトナムは、ジェイムズとデューイにとって、より重要であったと言っているものの）パースにとっても重要な視点であったことは間違いない。

なぜなら、絶対的な真理の不在を可謬主義が主張するとき、そこに待ち受けているのは真理の相対主義、すなわ

（2）たとえば、バーンスタイン（二〇一七：二三二）など。

ち、真理や知識は、それが語られる文脈や状況、そして背景としている時代や文化などにおいて相対的であるという主張のようにみなされがちだからである。そして、相対主義が、わたしたちは確実な知識を持ち得ないとする懐疑主義と結びつきやすいのは明らかだろう。実際に、パトナムとほぼ同時期といってよい現代のプラグマティストであるローティ（Richard Rorty, 1931–2006）が、本人が繰り返し否定していたにもかかわらず、相対主義者として批判されることが多かったこともその証左である。(3)

確かに、反懐疑主義と可謬主義は、そのままでは両立しがたいように思われる。しかし、まさにその困難さこそが、パースをして、リードらの常識哲学を新時代に相応しいものとして改訂することへと向かわせたものであろう。すなわち、可謬主義を標榜することにより絶対的な真理の存在を否定する一方で、安易な相対主義を招来しかねず、さらにはわたしたちの信念と知識の探求を阻害する懐疑論へと陥る危険性を排すること、これがパースにとっての目標であり、それが、パースが長年にわたって心を砕いてきたプラグマティシズムの再定式化の努力の根底に流れるものだったのである。

次節では、パースがスコットランド常識学派へ傾倒し、最終的に自身のプラグマティズムの帰結とまで言わしめることになった背景について触れたい。

第三節　プラグマティズムの出発点、そして終着点としての「常識哲学」

イギリスの植民地であった北アメリカでは、当然のことながらイギリス古典経験論の影響が建国以前から強く、そして、それに対して独特の反発も生まれていた。

その一例として、独立宣言に署名した一人としても知られるジョン・ウィザースプーン（John Witherspoon, 1768–

1794）が挙げられるであろう。彼はカレッジ・オブ・ニュージャージー（一八九六年に現在の「プリンストン大学」という名前に改称される）の学長を一七六八年から一七九四年までの間、途中にアメリカ合衆国の独立をはさみつつ、およそ四半世紀にわたって務め、積極的にスコットランド常識学派の哲学を導入したことで知られる(4)。

ウィザースプーンがスコットランドの常識哲学を好んで自分の大学で教え、擁護した背景には、デカルト由来の「観念」（idea）が便利な哲学的概念としてブリテン島にわたり、ロック以降、顕著となる観念説（theory of ideas）、いわゆる「観念の道」（way of ideas）が北米の知的世界を席巻することに対しての警戒心があった。現在まで残る北米の有力大学はプロテスタントの牧師の養成機関としての性格を創立当初に持っていたものも多いが、ウィザースプーンが学長を務めていた頃のカレッジ・オブ・ニュージャージーもその性格が強く、併設されていた神学校と同様、プロテスタントの長老教会派の信仰を擁護することを重要な使命として任じていた。

つまり、わたしたちの知覚の対象が観念であるというイギリス古典経験論は、ちょうどリードがヒュームを批判したように、懐疑論の温床となるだけではなく、プロテスタント信仰の根幹を揺るがしかねない脅威として捉えられたのである。そこで、常識を重んじると同時に、観念を介しない、対象の直接的知覚を主張するスコットランド常識学派の哲学に、信仰を擁護する理論的支柱として白羽の矢が立ったのである。

（3）このことは、ローティがパースをあまり評価せず、ジェイムズとデューイを高く評価したことにも起因している。というのも、ジェイムズとデューイにおいて、特に前者においては可謬主義と反懐疑主義の両立がはらむ緊張関係は前面に出てこないからである。ローティ流の「相対主義的なプラグマティズム」への批判はミサク（Misak 2013）、伊藤（二〇一六）などを参照のこと。

（4）この経緯ならびに当時の北アメリカの思想・宗教の状況についてはククリックの著作が明確な展望を与えてくれる。ククリック（二〇二〇：八九以降）を参照のこと。

パースがハーヴァード大学で学んだ一九世紀半ばは、もちろんウィーザースプーンからは世代も隔たっており、カントの批判哲学を筆頭とするドイツ観念論、そして、それと少なからぬ近縁関係のあるエマスンらの超越主義が流行した時代でもあったが、スコットランド常識学派の影響は当時でも根強いものがあった。

実際、パースは、その哲学的活動の重要な転回点において、スコットランド常識学派の影響を強く受けている。たとえば一八六八年に発表された、「人間に備わるとされたいくつかの能力についての問い」（Questions Concerning Certain Faculties Claimed for Man, 1868. EP1：11–27）、「四つの能力の否定からのいくつかの帰結」（Some Consequences of Four Incapacities, 1868. EP1：28–55）は、直観（intuition）、すなわち、それ以前の認識に媒介されず、対象から直接獲得される認識の存在を否定し、すべての認識は、それ以前の認識を媒介とした記号的認識であることを主張したことで、パースの初期における認識論的な議論を代表するものとして考えられている。

さらに、その直後、一八七一年に書かれた、フレイザー版『バークリ著作集』への書評（Fraser's The Works of George Berkeley, 1871. EP1：83–105）では、はっきりとリード流の「直接知覚の理論」（a doctrine of immediate perception, EP1：91）への賛同が示され、後年の一九〇五年に「プラグマティシズムの諸帰結」でプラグマティズムの帰結として批判的常識主義とならんで提示された、可能性や曖昧なもの（vagueness）の実在を積極的に認めるスコラ的実在論の初期形態が主張されている。

この後、科学的探求を、科学的探究者の共同体における「信念—懐疑—信念」のサイクルとして捉える「信念の確定」（The Fixation of Belief, 1877. EP1：109–123）、そして、その名前こそ登場しないものの、いわゆるプラグマティズムの格率が初めて定式化される「われわれの観念を明晰にする方法」（How to Make Our Ideas Clear, 1878. EP1：124–141）という有名な二つの論文が世に出ることで、パースのプラグマティズムが本格的に始動するわけだが、先述した『バークリ著作集』への書評は、認識論的関心から、存在論的関心も含めた、より包括的な科学的探求の理論、および、そこで用いられる方法論としてのプラグマティズムへとパースが向かうことになった重要な転換点とみなされる。

このような経緯を鑑みるならば、パースにとってのプラグマティズムの出発点である一八七一年、そして終着点である一九〇五年に、スコットランド常識学派の「常識哲学」が重要な位置を占めていることが明瞭に見て取られるであろう。

しかし、以下の点については注意を払わねばならない。

それは、一八七一年の段階でパースが自身のプラグマティズムの出発点としてスコットランド常識学派に重きを置く視点と、一九〇五年という晩年になってパースが自身のプラグマティズムの集大成、換言すれば、プラグマティズムの最終形態として批判的常識主義を打ち出すときに、スコットランド常識学派を範にとる力点の置き方が微妙に異なるという点である。

不遇ながらも、哲学だけではなく、数学や論理学などにおいても精力的な研究を続けてきたパースが、三四年にもわたって同じ主張を繰り返すということは当然のことながら考えにくいが、非常に興味深いのは、一八七一年の問題意識を保持したまま、一九〇五年に新しい意味をスコットランドの常識哲学に与えようとしている点である。

まず、一八七一年のバークリ著作集への書評で「直接知覚の理論」が触れられるのは、ある意味でウィザースプーンがスコットランド常識学派の哲学を導入したのと同じ理由、すなわち懐疑論へと至る可能性が高い観念説への批判という、主に認識論的な動機に促された側面が強い。

この懐疑論を否定するための直接知覚の理論への傾斜は、後期のパースの哲学の中で「記号論」(semiotics)(5)とし

(5) 現在の記号論はこの表記だが、パース自身は“semeiotic”という言葉を用いることが多かった。

て昇華され、特に、現実に存在する対象との物理的つながりを元にした記号である「指標記号」（index）という形で最晩年期に至るまで持続している。

しかし、そのような初期の関心は堅持しつつも、リードらのスコットランド常識学派に敬意を払いながら、それにパースの長年にわたる哲学的考察を加えて一九〇五年に提示された批判的常識主義においては、「常識」そのものの、科学的探求を典型とした認知的過程における意味と、その存在論的様態への関心が深まってくる。それが、常識は「常に曖昧（invariably vague）である」（EP2：350）という主張となって現れるわけだが、次節では、そのパースが晩年になって打ち出した批判的常識主義そのものの解明を試みたい。

第四節　批判的常識主義――プラグマティズムの再定式化

先述したように、パースは生涯にわたってプラグマティズムの修正と改訂を試み続けた。その結果、一九〇五年の「プラグマティシズムの諸帰結」という論文において、プラグマティシズムは、一八六〇年代後半から彼が抱き続けていた批判的常識主義とスコラ的実在論を帰結すると主張することになる。

その二つの帰結は、プラグマティズムの格率を、証明された一つの原理として再定式化することから導出されるとパースは説く。

一八七八年の「われわれの観念を明晰にする方法」では、デカルトとライプニッツにならって、観念の明晰さの第一段階として「注意する精神への現前」、観念の明晰さの第二段階として「観念の定義に基づく述語系列への分解」が挙げられるが、パースによればこれだけでは不十分であって、さらなる明晰さの第三段階へと進まねばならない。その第三段階に進むために必要な規則が、いわゆるプラグマティズムの格率（pragmatic maxim）である。この論文において、それは仮定法で表現されているため、日本語ではニュアンスをくみ取りにくいので、英語の原文も共に示しておきたい。

Consider what effects, which might conceivably have practical bearings, we conceive the object of our conception to have. Then, our conception of these effects is the whole of our conception of the object.（EP. 1: 132）

われわれの概念把握の対象について、それが何らかの実際的効果を持つであると思われるような効果としていかなるもの有すると思われるか、を考察せよ。そのとき、それらの諸効果についてのわれわれの概念把握が、その対象についてのわれわれの概念把握のすべてである。

しかし、およそ三〇年後の「プラグマティシズムの諸論点」では、この定式化がさまざまな誤解を招いたとして、直説法で言い換えられて再定式化している。これも原文とともに提示する。

The entire intellectual purport of any symbol consists in the total of all general modes of rational conduct which, conditionally upon all the possible different circumstances and desires, would ensue upon the acceptance of the symbol.（EP2: 346）

いかなるシンボルであれ、それが有するすべての知性的な趣旨とは、人が、あらゆる可能な様々に異なる状況と欲求という条件下において、そのシンボルを受け容れることによって生じる、合理的行為のすべての一般的な様相の総体の内に存している(6)。

パース自身の弁によれば、さまざまな誤解を避けるために直説法で表したということになるが、伊藤邦武によれば、この三〇年の間にパースは初期の考察に不十分さを覚え、「初めにプラグマティズムが立脚していたカテゴリー論の存在論的前提が疑われ、これに代わる実在論的カテゴリーが考案され」、「このカテゴリー論を基礎にした記号論が構築されたのちに、プラグマティズムはようやくその確定的な形式化を得ることが可能になった」のである（伊藤 一九八五：一六五）。

ここで伊藤が指摘する「実在論的カテゴリー」とは、可能性としての質である「第一性」（firstness）、現実性としての事実である「第二性」（secondness）、一般性としての法則や習慣（habit）である「第三性」（thirdness）のそれぞれが、互いに還元できない存在者であるという存在論的なカテゴリー分類を指している。さらに、可能性としての質である第一性と、「曖昧なもの」（vagueness）の実在を強調するのが、批判的常識主義とならんで導出される「スコラ的実在論」である。

そして、伊藤が指摘する「このカテゴリー論を基礎にした記号論」とは、第一性に対応するイコン（icon：類像記号）、第二性に対応するインデクス（index：指標記号）、第三性に対応するシンボル（symbol：象徴記号）という分類を指している。先述のプラグマティズムの再定式化に登場する「シンボル」という言葉は、この第三番目のものを指している。そしてリードらの常識哲学における直接知覚の理論ならびにそれから導出される直接実在論は、この記号論においては、現実的事物や個体の存在と物理的に結びついた指標であるインデクスという形で生きている。

しかし、このプラグマティズムの「原理」としての再定式化から、パースは、すぐにその帰結としての批判的常識主義とスコットランド常識学派とを比較した議論を進めており、なぜ、ここからそれが帰結として導かれるのかということについての説明はほとんどされていない。

そこで、その手がかりとするため、やや長めの引用になるが、フックウェイによる、このプラグマティズムの格率および原理についての解題を見てみよう。

> パースの〈プラグマティズムの格率〉は、知的な概念や命題の内容について反省的な明晰さを獲得するための道具であった。(EP2: 401)[7] われわれは、あるものへある概念を適用することがどのようにして「実際的な関連があると考えられるかもしれない」効果を持ちうるのか、ということを同定することによって、その概念を明晰にする。すなわち、当の概念が何かに適用されているようなある命題が真であるとしたら、われわれが合理的に行うことに関して、適切な諸状況においてどのような差異が生まれるのか、ということを検討するのである。(W3: 266)[8] 提起された概念がそのような「実際的な帰結」を欠く場合は、その概念には認知的な(あるいは「知的な」)内容が欠落している。それがまさに知的な内容を持っているならば、それに関してプラグマティックな明晰化をすれば、われわれが責任を持って探究あるいは熟慮を遂行する際にわれわれを導くのに必要な情報はすべて導き出されるであろう。(フックウェイ 二〇一八:四〇一。原著 Hookway 2012: 197)

ここには「常識」(common sense) という言葉は一度も登場していない。しかし、言葉として表れていなくとも、ここでフックウェイが語るプラグマティズムの背景として常識が重要な働きをなしているのである。

---

(6) いずれも伊藤(一九八五)の日本語訳(一六五:六)を参考にした。
(7) これは一九〇七年に書かれた未刊行論文「プラグマティズム」(Pragmatism) の一節を要約したものである。
(8) フックウェイは全集版を参照しているが、これは「われわれの観念を明晰にする方法」の一節を要約したものである (EP1: 132)。

まず、この文章の最後に「われわれが責任を持って探究あるいは熟慮を遂行する際にわれわれを導くのに必要な情報」とあるように、パースの場合は（ジェイムズなどと異なり）あくまでも科学的探求[9]において概念を明晰にする方法論としてプラグマティズムが理解されていることを常に念頭に置く必要がある。つまり、パースがプラグマティズムの厳密化を図るとき、道徳的判断や社会的実践ではなく、科学的探求の場面にとりあえず範囲を限定して語っていると考えてよい。

その上で、「当の概念が何かに適用されているようなある命題が真であるとしたら、われわれが合理的に行うことに関して、適切な諸状況においてどのような差異が生まれるのか、ということを検討する」ことを、フックウェイはプラグマティズムの方法論として要約している。それでは、ここに登場する、真である「当の概念が何かに適用されているようなある命題」とフックウェイが呼ぶものは何か。

ここで、プラグマティズムの格率が最初に提示される前年にあたる一八七七年の「信念の確定」において、科学的探求のプロセスが、「信念―懐疑―探究―新たな信念の確定」というサイクルによって構成されていること、そして、その新たな信念の確定こそが、わたしたちが「真」と呼ぶものであることを思い起こすならば、新たに確立された信念こそが、フックウェイのいう、真である「当の概念が何かに適用されているようなある命題」ということになるであろう[10]。

それでは、探究の出発点にあり、懐疑にさらされるまでは安定している、すなわち「それまでは真であった」信念と、「新たに真となった」信念が生まれてくる母体はどこにあるのだろうか。

そこにこそ、探究全体を支える重要な役割、先取りして言うならば、探究を開始する上で欠かすことのできない仮説（hypothesis）を供給するものとしての常識が、パースのプラグマティズムの再定式化、そして、フックウェイのそれについての解題の背後に隠れているのである。次節では、パースが自身のプラグマティズムの帰結として提示した批判的常識主義とは具体的にどのようなものなのかを考察したい。

第五節　スコットランド常識学派とカント主義の融合としての批判的常識主義

さて、批判的常識主義が「批判的」（critical）と形容されていることで、カントの批判哲学とスコットランド常識学派を融合させていることは想像に難くなく、その両者がヒュームを懐疑主義として批判することを軸に据えていたことを考え合わせるならば、その路線をパース的な仕方で踏襲していると考えて間違いない。実際、パースは、この「プラグマティズムの諸帰結」という論文の中で次のように述べる。

［批判的常識主義者が］自らを批判的と呼ぶのは、それがカント主義の変形（modification of Kantism）にすぎないという事実から来るのである。この著者［パース］は、プラグマティシズムへの継続的な段階を踏み出さざるをえなくなるまで、純粋なカント主義者だったのである。カント主義者が、間接的にしろ、物自体（thing-in-itself）を思考することができるなどといった命題を心の底から破棄さえするならば、そしてカントの教説の細

(9) パースが「科学」（science）という言葉を用いるとき、その範囲は通常の日本語でのそれに比べてはるかに広く、哲学を含めた人文社会科学も入る。基本的には、現実と何らかの関わりを持つ、すなわち実験や観察といった経験的手法を用いる知的探究は、パースにとってすべて科学と呼ばれるに相応しい。ちなみにパースによれば、数学も、作図などにおいて新たな発見が行われるので経験的手法が重要視される科学の一部をなす。

(10) ここで、新たに確定された信念が、単一の命題によってのみ構成されるのではなく、複数の命題の複合体として現れることの方が多いことにも注意すべきである。したがって、ここでフックウェイが言う「命題」が、そのまま信念であるということには留保が必要である。

部を修正するならば、自らが批判的常識主義者になってしまっていることに気づくにちがいない。（EP2：353-4）

ここで素朴な疑問が生まれるであろう。

スコットランド常識学派を継承することを試みる最晩年期のパースのプラグマティズムにおいて、カントの批判哲学の中心的概念の一つである「物自体」（Ding an sich）を放棄してまでも、なぜカント主義は「延命」しているのかという疑問である。

もちろん、その答えとして真っ先に挙がるのは、パース自身も述べているように、彼が若い頃から純粋なカント主義者であったから、というものであろう。しかし、自身の初期のプラグマティズムを、パース自身が徹底的に拒否した「唯名論」（nominalism）として理解される可能性があると否定し、およそ三〇年にわたって自身のプラグマティズムの彫琢に心を砕いたパースが、ただ、自身の哲学的原点であるという理由によってのみ、カント主義を維持し続けていたとは考えにくい。

ここで、批判的常識主義が打ち出される「プラグマティシズムの諸帰結」という論文が、一八七七年の仮定法で表現されたプラグマティズムの「格率」を改訂し、それを直説法によって書き直したプラグマティズムの「原理」を提示することから議論を出発していることに注意を向けてみたい。

この点に関してフックウェイは、先ほど引用したのとは別の著書でパースの批判的常識主義を論じる箇所で、「パースは、彼自身の常識の原理（common-sense principles）と、カントの構成的原理（constitutive principles）の類似性を自覚していた」と指摘している（Hookway 1985：230）。

このパースの常識の原理とカントの構成的原理の類似性については最終節で述べるが、ここに、パースが最後の最後までカント主義を維持し続けた理由、そして「常識」がパースの哲学の中で果たす役割を見出すことができる。さらには、スコットランド常識学派の哲学にカント主義が導入されることによって、パースの批判的常識主義がその両者との違いを際立たせることになる。

それでは、具体的にスコットランド常識学派（以下、SCと略）と、パースがそれに修正を加えた批判的常識主義（以下、CCと略）との間には、どのような差異があるのだろうか。パースは、以下のような六つの特徴を挙げる[11]。

（1）SCが懐疑不可能な命題が存在することを認めるのに加えて、CCは懐疑不可能な推論があることも認める。

（2）SCが懐疑不可能な常識的信念の完全なリストを作成可能だと考えるのに対し、進化論の影響を受けたCCはそのような信念もごくわずかではあるが変化することを認める。

（3）SCは懐疑不可能な常識的信念が本能に根差すと考えるのに対し、CCは、それらは原初的な生活様式と類似した出来事に対してはそうだが、科学的探究の場面では、それら本能に根差した信念も合理的な懐疑に開かれていると考える。

（4）SCとは異なり、CCは常識的信念の曖昧さ（vague, vagueness）を強調する。

（5）SCとは異なり、CCは、懐疑に至るまでの探究を計画、実践し、それでも懐疑不可能なものを常識的信念として認める。しかし、それが、後に偽であると判明する可能性も認める。

（6）CCが「批判的」と称するには二つの理由がある。一つ目は、CCは次の四つ、すなわち、批判的常識主義それ自身、スコットランド常識学派（SC）、論理学および形而上学を心理学やその他の特殊科学によって基礎付けようとするまったく擁護できない主張、カント主義に厳格な批判を行う点である。二つ

（11）この論点については佐々木崇（二〇〇七）が非常に明確な整理と議論を行っており、それを参考にした。

目は、ＣＣが修正されたカント主義に他ならず、「物自体」に関するカントの主張を取り除けば、カント主義はＣＣになると述べる[12]。

ここでまず注目すべきは、（5）の特徴であろう。これは、パトナムが、アメリカのプラグマティズムのみがなしえた「可謬主義と反懐疑主義の両立」として挙げるテーゼにほかならない。つまり、批判的常識主義は、探究の実践的なプロセスの中で疑いを差し挟む余地がないほど確証された信念を「常識」として認めるものの、それが将来、環境の変化、さらには探究がそれへの到達と解明を目指している実在そのものの変容によって修正される可能性を認めているのである。

この後半部分の可謬主義の主張は、単に、「これまで正しいと思っていたことが、後で間違いだと分かる」というような事態を指しているのではない。それはパースが挙げている（2）の特徴、「進化論の影響を受けた批判的常識主義はそのような信念もごくわずかではあるが変化することを認める」と関連している形而上学的な世界観を反映しているのである。

というのも、プラグマティズムの最終的な再定式化より以前の一八九一年から一八九三年にかけて、パースは「進化論的宇宙論」（evolutionary cosmology）という学説を提示しているからである。それは、偶然によって、この宇宙が誕生し、その偶然性の要素をはらみながら、宇宙が進化していく過程の中にわたしたちが存在しているという宇宙生成論（cosmogony）であるが、そこではさまざまな自然法則そのものも進化の過程にあるという壮大な主張が展開されている[13]。

このように宇宙そのものが進化の過程にあると考えるならば、これまで正しく機能していた信念が、それが適切に対応してきた実在そのものの変容に伴って少しずつずれを生じていき、結局、修正を余儀なくされるというのは当然の事態として考えられるであろう。

　このような進化の過程の中にあり、可塑的に変容していく宇宙・世界の中で、わたしたちは何に頼って知的探究を遂行していくべきなのか。

　そこでパースが、わたしたちの知的探究の岩盤として据えるのが「常識」なのである。そして、そのためには、常識が固定的なものではなく、曖昧さを特徴として持っていなければならない。次の最終節では、パースが捉えようとした常識の姿を明らかにすることを試みたい。

第六節　曖昧で強靭な「常識」

先ほど挙げた、（4）「スコットランド常識学派とは異なり、批判的常識主義は常識的信念の曖昧さ（vague, vague-

（12）これは先ほど引用したEP2: 353-4の箇所に当たる記述である。
（13）このパースの宇宙論については伊藤（二〇〇六）が優れた洞察を展開している。しかし、この進化論的宇宙論ほど、パースのさまざまな学説の中で評判が悪いものはないともいえる。たとえばショートは、この宇宙論は結果的に失敗しており、最終的には放棄されることになったと結論づけている（Short 2010; Short 2022）。しかし、筆者の考えはショートとは異なる。むしろ、ここで示した批判的常識主義の議論をたどると分かるように、進化論的宇宙論は依然としてパースの形而上学、存在論、そして世界観の根底にあり、最晩年期に至るまでそれは機能していたと考える。その論拠として、彼の最後期の論考であり、また宇宙論が復活した姿で現れる「神の実在のための無視された議論」（A Neglected Argument for the Reality of God. 1908. EP2: 434-450）の存在を無視することはできない。また、ヘーゲルへの接近を考えると意外ではないのかもしれないが、現代のプラグマティストであるブランダムは、この進化論的な世界観について、比較的、好意的に捉えている。ブランダム（二〇二〇）、上巻の序章「ドイツ観念論からアメリカン・プラグマティズムへ――そして再びドイツ観念論へ」、特に九ページ以降を参照のこと。

ness）を強調する」という特徴は、パースによって次のように述べられる。

何にもまして、古いスコットランドの哲学者たちと比べて、批判的常識主義者の最も際立った特徴とは、批判を免れる疑い得ないものとは常に曖昧である（the acritically indubitable is invariably vague）ことを強調することにある。（EP2：350）

この四番目の特徴が、「（3）SCは懐疑不可能な常識的信念が本能に根差すと考えるのに対し、CCは、それらは原初的な生活様式と類似した出来事に対してはそうだが、科学的探究の場面では、それら本能に根差した信念も合理的な懐疑に開かれていると考える」と、「（5）SCとは異なり、CCは、懐疑に至るまでの探究を計画、実践し、それでも懐疑不可能なものを常識的信念として認める。しかし、それが、後に偽であると判明する可能性も認める」という二つの特徴の間に据えられていることに注意を払いたい。

すなわち、原初的な生活様式に類似した領域、たとえば、日常的な生活のレヴェルに近い、想像が容易な事柄については本能に根差していると考えられるような常識的信念が有効に機能するが、それ以上の知的探究の領域、たとえば微視的な事物のふるまいについて論じる化学や物理学の場合には、本能的な常識的信念はうまく機能せず、それらは合理的な懐疑に開かれており、非ユークリッド幾何学のような理論に立場を譲らねばならないと主張するのが（3）である。そして、（5）は可謬主義の主張であることは先にも述べた通りである。

もし、（3）と（5）がそのまま直結して提示されるならば、それは懐疑主義を誘発する主張となってしまうであろう。しかし、その瀬戸際で踏みとどまることができているのは、批判を免れる、疑い得ないもの、すなわち常識についてのパースの洞察が（3）と（5）の間を橋渡しし、さらに、その常識が「常に曖昧である」と性格づけられることによって懐疑主義の延焼を阻止する防火壁のような役割を果たしているからである。

それでは、そのようなパースによる常識の洞察はどのようなものだったのか。ここでもフックウェイの考察を要約しつつ、かつ筆者が補足しながら、その手がかりとしたい（Hookway 1985：229–233）。

フックウェイは、パースが提示した批判的常識主義の真意を、科学的探究における仮説を提供する母体としての常識の曖昧さを主張することにあったと考える。それは先述したように、パースの常識の原理と、カントの構成的原理の類似性から導かれるものである。

ここでフックウェイが指摘する、パースが自身の常識の原理との類似性に自覚的であったカントの構成的原理とは、わたしたちの日常的な認識における対象の把握、すなわち、実在についての概念による構成を可能にするものとして理解されるであろう(14)。

それと同様に、わたしたちの常識的な信念は、パースが批判的常識主義の特徴の二番目として挙げていた進化の過程で獲得されたものとして理解することができ、それゆえ、わたしたちの日常的な世界理解を助けるものなのである。逆に、日常的な世界理解を可能にする常識的な信念を獲得できなかった種は、環境との不適合により淘汰さ

---

(14) パースにとっての構成的原理が「常識」であったとするならば、統制的原理とは何かという問いが続くであろう。ここで詳述する紙幅がないが、それは科学的探究がその把握を目指す「実在」（reality）もしくは真理ということになる。思い切って単純化するならば、ある自然法則を突き止めようとしている科学者が、それが実在しないと考えながら探究活動を行っているというのは想像し難い。それが本当に実在するかどうかはともかくとして、それが実在してほしいという「統制的希望」（regulative hope）としての実在は、まず探究が最初に置かねばならない理念としてアンダーソン（Anderson 1995）なども指摘するところである。たとえばアンダーソンは次のように述べるが、筆者は彼の指摘にまったく同意する。「彼の論理学における統制的希望に基礎づけられた、閉じた宇宙論への彼の抵抗は、おそらくパースがそのプラグマティズムの後継者へもたらした最も意義のある形而上学的貢献の一つである。しかしながら、後世のプラグマティストたちは、論理学と形而上学におけるパースのテクニカルな業績からは離れてしまったにもかかわらず、彼らは未来の開放性を強調し続けている。」（Anderson 1995：64–65）

れることになるだろう。

このように進化の過程で獲得された常識的な信念は、世界理解を助けるための道具として、つまり、仮説を生み出す源泉として機能することになる。

すなわち、常識は、その曖昧さによって多様な仮説を生み出す母体となり、そこにアブダクションが働きかけることによって、実際にさまざまな仮説が生まれることになる。そのような仮説なくしては、探究そのものが始まることができないのである。

それについて、フックウェイは次のように述べる。

> 科学は、広く曖昧な疑い得ない諸命題に依存している。それらは可能なもしくは、もっともらしい理論を確定し、知覚的な経験にわれわれが合理的に応答することを可能にする。特に、そのもっともらしさが本能の事柄であるような、曖昧に形式化された諸仮説は、曖昧な諸理論を磨き上げる、より厳密な理論を形式化し、テストすることに関心をもつという最も科学的な活動にバックグラウンドを提供する。（Hookway 1995：232–233）

さらに、曖昧な命題として表される常識は、その曖昧さゆえに、確定度の低い述定しか引き出すことができず、それを過ちから救い出すのが、より容易である。わたしたちは曖昧で疑い得ない信念の蓄えを持っており、科学の一つの機能は、それをより正確なものにすることであるとフックウェイは述べる。

そして、以下が重要な点だが、その本能的な常識は、懐疑主義へと陥る危険を回避するための安全装置を備えているとフックウェイは指摘する。それは、科学的探究を前進させるための、逆説的ではあるが、ある種の「保守性」ということもできるであろう。

もし科学的な理論が否定されたとしても、それは常識的な確実性を否定しているのではなく、それらの新しい明確な形式化を提供するよう、われわれを促しているだけなのである。［……］われわれのアブダクティヴな感覚、そして蓋然性の感覚に具象化している本能的な常識は、仮説を曖昧に形式化することを勧めるのである。（Hookway 1995：231）

つまり、本能的な常識的信念を母体としてアブダクションから形成された科学的な理論が否定されたからといって、その母体そのものが、その一度だけで否定されるわけではない。なぜなら、その本能的な常識的信念には、未だテストにかけられていない代替の理論の種が無数に胚胎されているからである。もちろん、その本能的な常識的信念そのものが最終的に否定されることもあることは間違いないが、少なくとも、一度の科学的な理論の失敗だけで、その否定という裁きが下されることはない。

ここにフックウェイがまとめたパースの批判的常識主義の真意は、パースが科学的探究の実践を常に念頭に置いていたことを考えると非常に自然な理解であろう。そして、ここにこそ、可謬主義的であると同時に、反懐疑主義でもありうるという、パトナムが指摘したプラグマティズム特有の主張が成立する基盤がある。

それを具体的な例として考えてみよう。[15] この具体例を提示することによって、パースによる、「曖昧な命題については矛盾律が適用されない」（EP2：351）という、さまざまな議論を呼んでいる主張の真意を明らかにしたい。

たとえば、（それが正しいかどうかは別として）「すべての人間は利己的である」という全称命題を一つの常識として仮定してみよう。これが大まかに言って正しいことは認められるかもしれないが、その主語の範囲を特定する、つ

(15) このパースの一節については、それと同時に語られる「一般的な命題については、排中律が適用されない」とならんで、多くの哲学者、論理学者たちの議論を呼んできた。それについては乗立（二〇二一）で触れたので、それを参照のこと。

まり「ある人は利己的である」という特称命題として主張したとき、この命題は真でもあり、偽でもあるという意味で曖昧である。というのも、「ある人」が誰かは確定されていない以上、たとえば仏陀のような聖人であれば、この特称命題は偽であるだろうし、守銭奴のようなひとが「ある人」として特定されれば、この特称命題は真になる。このように、その「ある人」を特定する権限は、曖昧な命題の場合、発話者（utterer）に委ねられているとパースは論じる(16)。

しかし、パースが述べているように、「ある人」が同定されない限り、「ある人は利己的である」という命題は真でも偽でもあり、矛盾律が適用されない命題として曖昧な性格を保つのである。

このようなパースの主張は奇妙に思えるかもしれないし、単純な論理的な過ちを犯していると考えられるかもしれないが、科学的探究のプロセスの中で命題が担う役割を考えるならば、むしろ自然な見解といえるであろう。たとえば、このような考え方は現在では主流ではないかもしれないが、経済学において「すべての人間は利己的である」という命題を一つの疑われていない常識とみなすとき、それはすなわち、「すべての人間は自己の利益を最大化するようにふるまう」というプラグマティックな解析を施されることになり、「利己的」という概念の明晰化へ一歩進むことになる。

そして、その一方で、その命題の主語に量化をかけて否定する命題、「ある人は利己的ではない」という命題が示されたとき、プラグマティズムによって明晰化された「利己的」の知的な意味、つまり「自己の利益を最大化するようにふるまうこと」を手がかりに、そのようなふるまいをしない人を探すという、本来の意味での探究が始まることになるであろう。つまり、これまでは概念の意味を明晰にすることが主目標であったが、これからはその意味を手がかりとして、具体的な事例の探究という次のステップへと進んでいくのである。そして、その次のプロセスとして、「それでは、本来ならば利己的であるはずの人間の中に、利己的でない人がいるのはなぜか」という、より深い探究が始まるであろうが、その探究のプロセス全体を支えているのが、パースのいう「常識」と、それが有する曖昧な性格なのである。

このように、常識が有する曖昧な性格が、多様な仮説を生み出すことを可能にし、それが知的探究の基盤をなすと同時に、多岐にわたる探究の道筋を開く可能性を秘めていると考えるのは、パースのように実験科学を専らとしていた人間にとっては明白な事実であったであろう。

すなわち、常識の疑い得なさや強靱さは、それが不変で堅固だからではなく、むしろ、その曖昧さが多種多様な仮説を生み出す土壌を形成しているがゆえの「強さ」なのである。

そのような常識の融通無碍ともいうべき性格が、プラグマティズムが可謬主義と反懐疑主義の両立をなしえた根拠でもあるが、それがブランダムなどの現代のプラグマティストたちにも継承されているのか否か、そして、それがどのような変容を遂げているのかということについての考察は、今後の課題としたい。

文献表

Anderson, D. R.（1995）*Strands of System : the Philosophy of Charles S. Peirce*, West Lafayette : Purdue University.

Bernstein, R. J.（2010）*The Pragmatic Turn*, Cambridge : Polity Press（バーンスタイン『哲学のプラグマティズム的転回』廣瀬覚他訳、岩波書店、二〇一七年）.

Brandom, R. B.（2011）*Perspectives on Pragmatism : Classical ; Recent, and Contemporary*, Cambridge（MA）: Harvard University Press（ブランダム『プラグマティズムはどこから来て、どこへ行くのか』上・下巻、加藤隆文・田中凌・朱喜哲・三木那

（16）逆に、注（15）で述べたような、通常は全称命題と呼ばれる一般的命題（たとえば「すべての人は利己的である」）の場合、その「すべての人」にどの個体（個人）をあてがうかは、発話者のその発言を聞いた解釈者（interpreter）の権限であるとパースは述べる。

由他訳、勁草書房、二〇二〇年）.
Hookway, C.（1985）*Peirce*. London：Routledge.
———（2000）*Truth, Rationality, and Pragmatism：Themes from Peirce*, Oxford：Oxford University Press.
———.（2012）*The Pragmatic Maxim：Essays on Peirce and Pragmatism*, Oxford：Oxford University Press（フックウェイ『プラグマティズムの格率』村中達矢・加藤隆文・佐々木崇・石田正人訳、春秋社、二〇一八年）.
Misak, C. J.（2013）*American Pragmatist*, Oxford：Oxford University Press（ミサック『プラグマティズムの歩き方』上・下巻、加藤隆文他訳、勁草書房、二〇一八年）.
Peirce, Ch. S., *Collected Papers of Charles Sanders Peirce*, vols. 1–6（1931–1936）, Ch. Hartshorne and P. Weiss（eds.）, Volumes 7 and 8（1958）A. Burks, eds. Cambridge, MA；Belknap Press of Harvard University Press.（ここからの引用は慣例に従い、CP. 1. 23. のように、前の数字で巻、後ろの数字でパラグラフ番号を表記した。）
Peirce, Ch. S. *Writings of Charles S. Peirce：a chronological edition*（1982–）, Max Fisch, Edward Moore, Christian Kloesel, Nathan Houser er al.（eds.）, Bloomington：Indiana University Press.（ここからの引用は慣例に従い、W1：23 のように、前の数字で巻、後ろの数字でページ数を表記した。）
Peirce, Ch. S., *The Essential Peirce：selected philosophical writings*. Volume 1（1867–1893）（1992）, Nathan Houser and Christian Kloesel（eds.）, Bloomington：Indiana University Press.
Peirce, Ch. S., *The Essential Peirce：selected philosophical writings*. Volume 2（1893–1913）（1998）, The Peirce Edition Project（eds.）, Bloomington：Indiana University Press.（この二分冊からの引用は、EP1：23 のように前の数字で巻数、後ろの数字でページ数を表した。）
Putnam, H.（1994）*Words and Life*. Cambridge, MA：Harvard University Press.
Short, T. L.（2010）“Did Peirce have a cosmology?,” *Transactions of the Charles S. Peirce Society*, 46（4）：521–543.
———（2022）*Charles Peirce and Modern Science*, Cambridge：Cambridge University Press.
伊藤邦武（一九八五）『パースのプラグマティズム』勁草書房。
———（二〇〇六）『パースの宇宙論』岩波書店。
———（二〇一六）『プラグマティズム入門』筑摩書房。
植木豊編訳（二〇一四）『プラグマティズム古典集成　パース、ジェイムズ、デューイ』作品社。

ククリック、ブルース（二〇二〇）『アメリカ哲学史　一七二〇年から二〇〇〇年まで』大厩諒・入江哲朗・岩下弘史・岸本智典訳、勁草書房、（Bruce Kuklick, *A History of Philosophy in America. 1720-2000*, Oxford：Oxford University Press, 2001）。

佐々木崇（二〇〇七）「パースの批判的常識主義」『哲學研究』。

乗立雄輝（二〇二一）「命題の発話者とは誰か」東京大学大学院人文社会系研究科・文学部哲学研究室『論集』三九、一―一七頁。


（乗立雄輝）

第八章
「信念の倫理」と「信ずる意志」のはざま
――クリフォード、ジェイムズ、そして二つの視線

第一節　宗教という問題

「人は良心によって悪をなすときほど、完全にかつ快活にそれをすることはない」
(Jamais on ne fait le mal si pleinement et gaiement que quand on le fait par conscience)(Pascal 1972, no. 895, p. 421)。

キリスト教への深い帰依に基づく慧眼がちりばめられたパスカルの『パンセ』には、ときとして一文によって本質を突くような洞察が現れる。上の八九五節の言葉もまた、人間本性の深層を鋭くえぐり出していると思われる。パスカルの言う「良心」を、人間の歴史にどっかと腰を下ろす「宗教」に重ねてみることは、『パンセ』の枠組みからしてまず的外れにはならないだろう。そのように解した上で歴史を顧みるならば、人が宗教的な教義の正しさへの信仰に基づいて、ときとして戦争や殺戮や暴行に意図的に手を染めてしまう多くの事例に思いが至るだろう。少なくとも発端に宗教的信仰があると言える事例には事欠かない。海外での十字軍、ユグノー戦争、三十年戦争、イスラエルとアラブ諸国間の中東戦争など、日本では興福寺、延暦寺、園城寺、石山本願寺などの僧兵によるその

ときどきの政権との抗争、記憶に新しい地下鉄サリン事件やその他のカルト宗教にまつわる悲劇など、宗教的信仰絡みの事件は歴史に多々刻まれている。

あるいは、「良心」ということで思想やイデオロギーの正しさへの確信と捉えるならば（そう捉えることは可能だろう）、実のところ、市民革命と呼ばれる事件は、「良心」にもとづく暴行といってよい。たとえば、市民革命の象徴として、そして正義が勝利する出来事として、高校教育などでポジティブに描かれている（ように思われる）一七八九年の「フランス革命」を思い起こしてほしい。いろいろな理念や理想が背景にあったと推定されるが、出来事としては暴動・暴行の現象であったというしかない。「一〇月六日の早朝、ヴェルサイユ宮殿の中庭に乱入し国王と王妃の部屋に向かっていた群衆は、近衛兵との攻防ですでに、二、三名の近衛兵を殺害、王妃は生命の危機にさらされていた」（鳴子 二〇一八：三九四）。この時点でこれは殺人であり、明白な暴行である。さらに、騒動に乗じて発生した盗賊集団（ブリガン）が「「古文書保管庫に乱入し、他の者たちはかがり火を焚き、ガラス窓を壊し」、さらに「ワイン倉や地下倉庫の扉をこじ開け、シードル酒やワインを飲み酔っ払い、約四〇〇本の瓶を割る」などのドンチャン騒ぎをしたと書き留められている。そればかりではなかった、「ブリガンたちは、中庭に飼いならされていた猪を小銃で殺し、長柄の鎌で屠殺した。また、彼らは約三〇〇発もの銃撃で猪を射殺するなどした」」（近江 二〇一〇：一二三）。これは狼藉以外の何ものでもない。

こうした私の述べ方に対しては、もしかしたら、宗教的信仰に基づく戦争や暴力と、市民革命のような正義観念に基づく暴力とは異なる、暴力革命はときとして正義のために引き受けざるをえないときがある必要悪である、と反論されるかもしれない。しかし私は、こうした捉え方に違和感を感ぜざるをえない。市民革命、とりわけフランス革命を思い起こすならば、「自由」と「平等」といった理念がその革命を導いたと言ってよいが（フランス国旗のトリコロールを想起せよ）、革命に沿って制定された「フランス人権宣言」を顧みれば分かるように、そうした理念の背景には「人権」(human rights) の概念があることは明らかである。

しかるに、近代的人権概念の基盤を成しているのは、あえて単純化してしまえば、「人は神の前で平等」、「人には所有権や刑罰権という自然権が与えられている」というようなキリスト教に淵源する思想であることはほぼ間違いない（森島 二〇二〇：五九など）。そうした議論は、たとえばロックなどでは「自然法」の概念とともに展開されるが、そもそも「自然法」とは「神による摂理の一側面であり、永遠の規則」である (see Murphy 2019: 1.1.)。そうした背景に基盤をもつ形で発生した人権思想や市民革命が宗教的信仰とまったく異なる、というのは著しく説得力を欠くのではないか。シンプルに言い換えるならば、「人権」とは宗教的信仰に基づくある種のフィクッションであって、よってそれに基づく市民革命、そしてそれに付随する暴行は、宗教戦争と原理的かつ構造的に同一の事象である、とさえ表現できるのではないか（もちろん、王権側も、王権神授説のような、王権の絶対的権威への信仰に基づいているのであり、そしてそれもまた一種のフィクションであることは疑いようがない）。

誤解を避けるため付け加えるが、ここで「フィクション」として記述しているのは、たとえば法や学校制度などの、人為的制度全般に妥当する属性であり、フィクションだから無意義である、ということではまったくない。したがって、もちろん、上のように述べたからといって、人権概念や市民革命は否定されるべきである、などと主張するつもりは私には毛頭ない。別の場所でも何度も述べてきたが、たとえば、子どもの虐待など人権を踏みにじる行為を私は到底許容することができない。上で私が述べたのは、さしあたり、善悪の評価以前の、事実記述的な概括にすぎないのである。実際、「自由」、「平等」、「人権」が客観物として存在する何かではないことは自明であり、[1]

(1) こういう点で、そもそも倫理的な主張をする文は、主張文である以上「真理」であることを定義的に目指しているのだが、対応する客観的事態が存在しないので、結局すべて「偽」になる、つまり倫理的主張はすべて誤謬である、とするJ・L・マッキー以来の「誤謬理論」(error theory) が生まれる余地が発生するわけである。

そこには私たち人間の物の見方の傾きが混ざり込んでいる。その傾きに宗教的信仰が入り込み、それに沿いながら正義心や良心が生まれ、パスカルの言うように、それがときとして暴力へとつながっていったと、そのように私たち人類の暴力の歴史を記述できるのではないか。

実のところ、正義心が武力と結びつくことは、ギリシア神話に由来する、そして司法裁判所などにしばしば置かれている「正義の女神」が、正義を判断する「天秤」と、それを実行するための武力を示す「剣」を持っていることからも理解できる。もともと正義は、悪者を成敗するという表象に対応しているのである。再びパスカルに拠ろう。

　力のない正義は反対される（contredite）。なぜならつねに悪者がいるからである。正義なき力は非難される。それゆえ、正義と力を一緒に（ensemble）に置かねばならない（Pascal 1972, no. 298, p. 144）。

正義は武力と結びついており、武力はときに暴力となり、そして正義は宗教を背景に有する、すなわち、宗教は暴力となりうる。これが私の理解である。

第二節　宗教の影響

それにしても、宗教とは、宗教的信仰とは果たして何なのだろうか。このような根源的問いにここで答えを出すことは到底叶わない。しかし、論を進めるため、暫定的な作業のための規定を立てておこう。次のように理解したい。

宗教的信仰とは証拠（evidence）やデータなどの根拠に十分に基づかない思いである。

こうした規定に即すならば、宗教ということで、仏教、神道、キリスト教、イスラム教、ヒンズー教のような既存の大きな宗教体系の信徒・信仰者に当てはまる事象だけではなく、十分な根拠なしに何かを信じていることと一般も暗に包摂される。つまり、迷信、疑似科学、ジンクスなどが宗教的信仰の内実として含まれうるということである。あるいはさらに、「祈る」あるいは「神仏を拝む」という一般的な行為も、それが何かをもたらしうると表象されているならば、宗教的信仰の事例となるだろう。強い意志に支えられた、ある程度持続的な思いでなく、刹那的な思いであったとしても、十分な根拠なしに思っていることは、この規定においては宗教的信仰に含まれうるのである。ということは、正月元旦に初詣に出かけ、寺社にて一年の無病息災を祈願することは、宗教的信仰の一つの現れである。二〇一八年のＮＨＫ放送文化研究所の調査によると、日本人は、自分は特定の宗教は信仰していない、と述べる人が六割を超えているが、神仏を拝むことはないという人々の割合は、多少の増加傾向にあるとは言え、二割程度となっている（小林 二〇一九：五三—五四）。だとすると、日本人は、日本人自身が思っているよりははるかに濃厚に宗教的信仰を（とくに意識的でないとしても）抱いているということになるだろう。

さて、さらに、上の規定に現れる「十分に」という、ややトリッキーな修飾について注記しておく。実は、そのような副詞句を挟まねばならないことは、宗教的な信仰の実相において不可避なのである。たとえば、この世界に驚嘆すべき絶妙な規則性や秩序（一万個以上の個眼からなる幾何学様のトンボの複眼を、そしてそれを遺伝させるＤＮＡなどの例を想起せよ）があることについてのまさしく観察データを得て、それに基づいて、人間の能力をはるかに凌駕する驚くべき秩序を創造した、秩序の原因となった存在者、すなわち神が存在する、とする伝統的な「デザイン論証」（Design Argument）（「創造説」（Creationism）とも言う）を顧みるならば、そうした信仰を動機づけるものは自然現象の観察データなので、それを信仰する立場からすれば明白な証拠があると申し立てられるだろう。けれども、かつてヒュームが展開した、神と世界の間の因果関係の不明瞭さ（そうした因果関係は経験的に確証できない）(Hume 1976) や、世界の秩序を説明しうる別の理論、たとえば進化理論 (evolutionary theory)、があるではないか、といった疑問が寄せられ、今日まで論争が尾を引いている。とりわけ、デザイン論証・創造説と進化理論との対立は、アメリカ社会などでときどき問題にされることでよく知られているだろう。

いずれにせよ、宗教的信仰心が科学的な視点からいつでも十全な支持を得られない、ということは確かに言える。それでは、宗教的信仰は不合理なのだろうか。そして、不合理だとするなら、なぜ一定の人々は信仰を抱くに至るのだろうか。これについて考えるに、私はまずきわめて卑近な、たぶん多くの人々と共有するであろう点を指摘したい。それは、たとえば日本では、神社仏閣などの宗教的な施設を好んで訪れる人々が多く存在していて、観光の目的ともなっているという事実である。京都の清水寺や奈良の興福寺など、日本以外からの観光客も多いが、日本人も好んで訪れている。なぜなのだろうか。

私の個人的な思いをまず記すならば、神社仏閣などを訪れてお参りをすると、なぜか精神的な満足感が得られるのである。先祖の墓参なども同様である。あるいは、田舎の道端などにあるお地蔵さんにもなぜか心引かれる。癒やされ感がなぜかある。海外のキリスト教会やヒンズー教寺院なども訪れたことがあるが、やはり荘厳さに心を打たれたり、ある種のすがすがしさを感じたりする。けれども、実は、こうした私の個人的な思いは必ずしも私個人の主観的心持ちにすぎないとも言えないようなのである。

実は、宗教的信仰や宗教的実践が私たちの健康に良い影響を与える側面があることが、近年医学的・疫学的あるいは科学的に解明されつつあるのである。たとえば、ギラムらのアメリカ人男女を対象にしたコホート研究によれば、週一回以上礼拝に参加する人々の死亡リスクは、交絡要因から独立した形で、一八%から三〇%減少していたとされる（Gillum etc. 2008：杉岡 二〇〇九：五一参照）。また、マクロフらのメタアナリシス研究によれば、宗教的活動や奉仕への関与は生存率を二九％上昇させる、との報告がなされている（McCullogh et al. 2000：杉岡 二〇〇九：五一参照）。利他的な行為が精神的な満足感につながるということなのであろう。こうした宗教的信仰や宗教的実践の健康に対するポジティブな影響については、脳科学的な観点からの研究もなされつつあるようである。たとえば、「祈り」をすることにおいてベータ・エンドルフィンやオキシトシンのような脳内の愛情ホルモンが分泌されるなど（中野 二〇一一：三二―三三など）、まだまだ研究途上だとしても、いろいろな報告が出つつあるようである。一般に、大企業の経営者などがしばしば瞑想などを行うことが話題になったりするが、それも祈る行為に類似な効果が期待されているのだと思われる。

また、実は、キリスト教と対立した歴史を持つ進化理論についてだが、二一世紀になって進化理論を宗教のありように適用するという研究視座が（そういう発想は以前から存在していたが）一層活発になってきたのである。一つには、宗教の歴史的発展を進化理論的に理解するという方向の研究だが、もう一つは、そもそも人間のあるいは人類の種の保存にとって宗教が一定の役割を担ってきた、つまり宗教が人類の適応度を高めてきたのではないか、という方向からの研究である。そうした路線の一つの代表として、ニコラス・ウェイドから引用する。

> どれほど奇妙な宗教行動であろうと、進化はそれを効果的であると見なしたのだ。歴史の大部分において、信頼や忠誠といった感情は共通の宗教から育っていった。すでに述べたように、懲罰神への信仰は、社会利益のために人々を協力させる手段として非常に効果的だ。そうして実現された結果が、共同体の生存競争のなかで適応的だったと考える理由は充分にある。（ウェイド 二〇一一：七四）

とはいえ、最初に確認したように、宗教的信仰がいわば自然科学的に一定の正の位置づけを与えられるとしても、十分な根拠なしに何かの思いを抱いてしまうことがどこかでたがが外れて、暴動や暴行に走ってしまうこともある。そうした場合は負の影響が大きすぎて、悲劇に至ってしまうこともあるのである。この点は、宗教のもつ健康影響という次元でも確認できる。杉岡によれば、宗教はいつでも正の健康影響をもたらすわけではなく、入院中の宗教的葛藤によって「神に見捨てられた」とか「自分に対する神の愛を疑った」などという捉え方を持つに至り、死亡リスクが高まったというケースもあることが紹介されている（杉岡 二〇〇九：五三）。信仰は、ときとして人々を害する帰結をもたらしうるのである。

第三節　クリフォードの「信念の倫理」

以上のような、証拠やデータに十分に基づかない思い、として広義に規定される宗教的信仰（あるいはそれと相当な信念）については、それを認識論的かつ倫理的な視点から精密にそして激烈な筆致で展開した歴史的に著名な議論がある。それは、イギリスの数学者ウィリアム・キングドン・クリフォードが、ロンドンの「形而上学協会」（the Metaphysical Society）にて発表したものを、イギリスの学術誌 *Contemporary Review* において一八七七年に発表した「信念の倫理」（The Ethics of Belief）という論文に端を発する。

まことに、クリフォードの「信念の倫理」についての議論は、激烈で、過度とも言える潔癖さが感じられるもので、読者をたじろがせるに十分な迫力を有している。細かく精査するならば、その読解にはなかなか困難な部分もあるが、大きな流れとしては簡潔簡明であり、首尾一貫している。簡単に言えば、証拠に基づかない信念を持つことは不道徳であり、そうした不道徳性は、そうした証拠に基づかない信念が結果的に悪しきことをもたらさない場合でも、変わらず指弾されるべきだ、という主張が、そこでは展開されている。一般に「証拠主義」（evidentialism）

と称される見解の古典的代表である。

クリフォードは、有名かつ印象的な思考実験から論じ始める。ある船主が移民船を航海に出そうとしている。しかし、彼はその移民船がかなり老朽化していて、航海を繰り返してきて、修繕が必要であることを知っていた。どうも、この船は航海には向かないのではないか、という疑惑が彼の胸によぎって、居心地が悪くなった。どんなに費用がかさんでも、徹底的に点検して修理をしておくべきだったのではないか、と思った。しかし、彼は、船を出帆させる前に、こうした憂鬱な想いを克服することに成功した。この移民船はいくたの航海を安全にやり遂げ、多くの台風をも凌いできたのだから、今回の航海で安全に帰ってこないなどと想定する必要はないだろうと、自らに言い聞かせた。よりよい新天地を求めて母国を後にする多くの不幸な家族をいつも守ってきた、神の摂理、それを信じよう。船大工や造船会社の誠実さに対して抱いていた狭量な疑念を心から追い払おう。こうして彼は、自分の船は完全に安全で航海に適しているという、心からの心地よい確信を得るに至った。晴れ晴れとした気持ちで、そして新天地へ向かう離郷の成功を慈愛に満ちた気持ちで願いながら、出航を見届けた。そうして彼は、この移民船が大海のただ中で沈没して行方知らずとなったとき、保険金を受け取ったのであった。

クリフォードは、こうした思考実験を提示して、この船主は多くの乗船者の死に対して明々白々に有罪であると断定する。この船主がどんなに自身の船の健全さを心から誠実に信じていたとしても、彼が罪から免じられることは決してない。なぜか。クリフォードはこう断定する。

なぜなら、この船主には眼前に示された証拠に基づく限り、船の健全さを信じる権利がないからである。彼は、辛抱強く探究して誠実な仕方で証拠を得ることによって、そうした信念を獲得したわけではない。そして、たとえ最終的には、そうした信念について強く確信を感じて別の仕方で考えることができないようになっていたとしても、彼が自覚的かつ意図的にそのような心の持ち方へと自らを動かしていったのである限り、彼は自身の心の持ち方に対して責任を負わなければならない。(Clifford 1999：70–71)

ここまでは、非常に理解しやすいと思われる。この思考実験での船主は、別な言葉で言えば、「自己欺瞞」にみずから望んで陥ったと言えるだろう。あるいは、刑法的な概念で言えば、「認識ある過失」によって大惨事を招いてしまったと言えるだろう。さすがに、大惨事を起こそうという意図はなかったので、「故意」とは言えず、「未必の故意」とも言えないが、危険性を潜在的に理解していた以上、単なる「過失」ではなく、「認識ある過失」と認定されざるをえない。それゆえ、道徳的にも法的にも責任を追うべきだ、というのはたしかに納得できるだろう。実際、裁判に訴えられて、この船主の思考プロセスが明らかにされたとしたら、刑事責任は免れない。

あるいは、最終的に獲得した船主の信念が、間違いかもしれないという潜在的認識を完全に消去した形で、つまり後ろめたいものがまったくなく、移民の成功に寄与するという、道徳的に称賛されうる行為を自分は行っているという、そういう信念として成立していたとするならば、その結果が多くの人の死を招いた以上、これはある意味で、刑法学で言うところの「確信犯」に近い事態が発生していたと捉えることができるかもしれない。むろん、そうだとしても、有罪性を免れることはできないだろう。

第四節　クリフォードの議論の驚くべき展開

しかし、クリフォードの議論はその先へとずんずんと進む。今度は、この船主が自己欺瞞的に信じたことがたまたま真実であって、移民船は決して航海に不向きな状態ではなく、実際に乗船者たちは安全に航海を達成した、と想定しようと、クリフォードは思考実験の条件を変更する。このような状況は、この船主の道徳的有罪性を減じるだろうか。そうクリフォードは問いを立て、こう断定する。

そのようなことは決してない。行為がなされたとき、それは永遠に善か悪なのだ。行為の善い帰結あるいは悪い帰結がたまたま顕在化しなかったとしても、それが事態を変更させることはまずできない。船主は無実であることはなかった、ただその有罪性が露見しなかっただけなのだ。善か悪かという問題は船主の信念の起源に関わるのであって、その信念の内容に関わるのではない。信念が何であったのかに関わるのではなく、その信念をどのように獲得したのかに関わるのである。つまりは、その信念が真であるか偽であるかが明らかになるかどうかに関わるのではなく、彼の面前に示された証拠に基づいてそうした信念を形成する権利があったのかどうかに関わるのである（Clifford 1999：71）。

驚くべき議論であると言うべきだろう。手持ちの証拠によって正当化できるように思えるけれども、実際は正当化されえていない信念が、たまたま真であった場合がここで問題となっている。これは、哲学的認識論で言うところの、いわゆる「ゲティア問題」（Gettier problem）あるいは「認識的運」（epistemic luck）と称されている事象の例として捉えることができる。ティモシー・ウィリアムソンの挙げた例を少し改定して言及するなら、壁掛け時計を見て時刻を確認したが、実はその時計は壊れていて動いていなかった、しかしたまたま正確な時刻を示しているときに時計を確認したので、時刻の情報は真であった、といった状況が「ゲティア問題」あるいは「認識的運」と呼ばれる問題性の例示となる（Williamson 2007：192）。たしかにこの例の場合、もしもっと注意深く状況を探査したならば、秒針が動いていないとかコチコチ音がしないとかなどにより、時計が止まっていたことが判明し、別の手立てによって本当の時間を確認すべきであったと言いうる。しかし、たとえそうしなくとも、この場合は、私は約束の時間にも、講義開始の時間にも、遅れることもない。つまり、問題は発生しない。けれども、もしクリフォードの言う、たまたま事故が発生しなかった移民船の例が、こうしたゲティア事例に該当するならば、それは道徳的に有罪なのだ、そしてその有罪性は、船主の信念が偽であって実際に大惨事が発生した場合と何の変わりもないのだと、そのようにクリフォードは断罪するのである。なにもトラブルが発生しなかったにもかかわらず、である。驚くほど厳格である、いや厳格に過ぎると述べるべきではなかろうか。

子どもがボールを拾いに、左右が見にくい道に飛び出そうとしている。親は、危ないと思って、道路の左右を耳で確認したところ、オートバイの音が聞こえたが、それは隣の別の道を走る音だと理解して、子どもを行かせた。しかし、実はオートバイはまさしくこの道を進んで来ていた。しかし、まことに偶然なことに、そのオートバイは子どもが飛び出した場所の直前の曲がり角を曲がって走り去って行った。つまり、子どもは実は安全だったのである。道は安全だとする親の事実認識は、たまたま真だったのである。このような状況は、日常的に十分ありうるだろう。こうした場合、親は道徳的に非難されるべきだろうか。たしかに、ひやっとして、後味が悪い感触は残るし、もっと注意しなきゃいけないな、という教訓は得るであろう。けれど、結果は何もなかったのだから、日常は何もなく過ぎていく。

これに類する、雑な仕方でパッと信じたことがたまたま真実と合致した、という状況理解は、程度の大小を合わせてかなり多くあるだろう。自動車運転中に、前方に対向車もいないし、歩行者もいないので安全だと瞬時に判断して、ちょっとよそ見をする。けれど、そうした判断は必ずしも厳密かつ注意深い吟味に基づくわけではない。実際、自分の視野から外れた角に歩行者がいて、道路を渡ろうとしていた、などということはしばしば起こる。でも、歩行者が私の車に気づいて、待っていてくれた。よくある光景である。いちいちそうしたことが道徳的非難に値するならば、私たちの罪深さはいかほどのものになってしまうだろうか。私たちは、どんなに良識のある常識的市民として生活しているとしても、そもそもこの世に生まれ出でたときから、徹頭徹尾、無限とも言えるほどの罪責を負っていることになるのである。私たちは、事実として、本質的に罪人だという思想に結局は至り着く。

以上のような議論は、「移民船は航海に適している」とする船主の信念は、最初の想定の場合と同じく、誤りであったけれど、結果としては事故は発生せず、航海は無事に終わった、といった場合にも応用できるはずである。前段の事例での想定は、「移民船は航海に適している」という信念がたまたま真であって、そして事故が発生しなかった、ということだったが、いま検討しようとしているのは、その信念が当初のシナリオ通り偽であったが、たまたま事故が発生しなかった、という場合である。この場合も、クリフォードの論立てに従えば、道徳的非難はまったくもって避けられないということになる。信念の内容が真か偽かではなく、どのような証拠に基づいてそうした信念を獲得したかが問題の核心なのであり、船主の「移民船は航海に適している」という信念は彼が手にしていた証拠に基づいたものではない以上、船主の信念は道徳的に有罪なのである。このことは、再び刑法学に照らすならば、「過失犯の未遂」という、やや微妙な概念として捉え返すことができるだろう。

間違った、あるいは誤ったことが、事態的に無害だったり、かえって益をもたらした場合でも、それは大いなる悪事である、とする議論をクリフォード自身も展開している。次のような想定でもって、このことを例解している。

もし私がある人からお金を盗んだとしても、こうした所持の単なる移転によっていかなる害も発生しないかもしれない。盗まれた人は損失を感じないかもしれないし、あるいは彼が自分のお金を不適切な仕方で消費してしまうことを予め防ぐことになったかもしれない。けれども、私は人類に対して重大なる悪事をなしたと言わざるをえない、すなわち、私は不正直な人間となってしまったのである。社会を害するのは、所有物を失わせたということではなく、盗人の巣窟になってしまうという事実である。というのも、そのようになったとき、社会は社会であることを止めるからである。これが、悪事をなすべきでない理由、すなわち、たとえその悪事によって益がもたらされるかもしれないとしても、そうした悪事を絶対になすべきではない理由である。というのも、重大なる悪事が発生してしまったら、とにもかくにも、私たちは悪事をなしたということであり、それによって邪悪な者となってしまうからである。同様に、もし私が不十分な証拠に基づいて何かを信じてしまったとしても、そうした単なる信念によっては重大な害は発生しないかもしれないし、結局はその信念は真であるかもしれないし、あるいは、外的な行為にその信念を反映させる機会はまったく来ないかもしれないにもかかわらず、私は人類に対して重大な悪事をなしたと言わざるをえない（Clifford 1999：76）。

まとめると、道徳的非難に値する型には次の三つのタイプがあるということになる。図示しておこう。

（1）不十分な証拠　↓　信念　↓　偽ゆえ有害　〈（認識ある）過失のケース〉
（2）不十分な証拠　↓　信念　↓　真ゆえ無害　〈まぐれ当たりのケース〉
（3）不十分な証拠　↓　信念　↓　偽だけれど無害　〈結果オーライのケース〉

なんとも、厳格かつ潔癖な見解である。というより、もはや常軌を逸した過度な潔癖さと言うべきだろうか。さしあたり私は、こうしたクリフォードの立場を「潔癖主義」と呼んでおきたい。

第五節　「信念の倫理」の背景

実を言うと、事実認識における倫理的評価という問題設定は歴史的に跡づけることができる。たとえば、デカルトは、『省察』「第四省察」において、認識や知識ということを「判断する」という心の営みとして捉えた上で、このように述べていた。

何が真であるかを十分明晰にかつ判明に認知していない場合に、私が判断をくだすことを控える（abstineo）のなら、私の態度が正しく、私が誤ることがないのは明らかである。しかるにこの場合に、私が肯定したり否定したりするならば、そのとき私は意志の自由を正しく用いていないのである。そして、もし偽である側に向かうとするなら、明らかに私は誤るのである。また、もし反対の側をつかむとするなら、なるほど私は偶然に真理に出会いはするものの、だからといって、咎を免れる（culipa carebo）わけにはいかない。（Descartes 1978：59）

つまり、何ごとかについて明確な証拠を得ていないときに、それを断定的に肯定したり否定したりしてはならない、そういう断定は、かりにたまたま真なることに達していたのだとしても、“culpa”を免れない、ということである。ここでは、“culpa”という表現に注目しなければならない。“culpa”とは、英語の“culpability”に対応しており、「罪、咎、過失」という意味である。この表現が使われているということは、デカルトは、不十分な証拠に基づく断定は、たんに真か偽かというレベルで判定されることを越えて、道徳的な「罪」と見なされなければならない、と論じていたと解釈されなければならない。これは、かなりダイレクトに、認識の問題と倫理的評価とを結びつけていた議論の実例と言えるだろう。さらには、ロックの議論の中にも、認識と倫理的評価を結びつける論調を明確に見取ることができる。ロックは、宗教的信仰でさえ理性とは決して対立しない、信仰も理性によって探究して発見した真理に基づくべきだという、いわゆる「自然神学」的議論を展開する文脈において、次のように述べる。

信じる理由をもたないのに何かを信じる者は、自分自身の幻想を愛する者である。そうした者は、探るべき真理を探りもしないし、自身の作り主に払うべき服従を払ってもいない。作り主は、そうした者に与えた識別能力を使わせて、間違いや誤謬から免れさせようとなさったのである。与えられた能力の最善を尽くしてこのことをなさない者は、たとえときどきは真理に出会い輝いたとしても、それは偶然的にのみ正しいにすぎない。偶然的に幸運だったことが手順の不規則性の弁解として認められるのか、私は知らない。少なくとも確かなこと、それは、その者がはまり込んでしまったいかなる間違いに対しても責任を負わなければならないことである。それに対して、神がそのものに与えたもうた光明と能力を利用して、自身が有す神のお加護と諸機能を行使し、真摯に真理を発見しようと努める者は自身の義務を果たす者であり、理性を持つ被造物として、たとえ真理を取り逃したとしても、義務を果たしたことの報奨を取り逃がすことはないのであり、その点で大いなる満足を得るであろう。（Locke 1975：4. 17. 24）

「責任を負う」（accountable）、「義務」（duty）という、明白に倫理的な用語によって認識や真理追究が語られている。ロックにとって、理性の機能を駆使して真理を探ろうとすることが、倫理的になすべき営みなのである。それゆえ、そうした営みなしに真理に達しても倫理的に評価はされないし、逆に、そうした探究の営みをしたならば、たとえ結果的に真理を取り逃がしたとしても、倫理的に是認されるということになる。非常に驚くべきことだが、事実の認識は、デカルトやロックのような近代初期の段階において、すでにして倫理的評価と結びついた事象として論じられていたのである。

こうした歴史的経緯から読み取れる問題意識は、集約的に言えばこうなる。

探究不足のまま特定の信念を抱いてしまうこと、あるいは探究不足のゆえに真なる信念を得ることに失敗すること、あるいは不注意のゆえに偽なる信念や不完全な信念を持つことは、道徳的な非難に値するか。

こうした問題意識の背景には、広義の宗教的信仰が有害となるケースが俎上に上がっていると言うべきである。冒頭で触れた宗教戦争やカルト宗教絡みの事件などが、典型的にターゲットとして思い描かれている事例であろう。そしてその延長線上には、物理的・社会的現象に関する根拠のない噂や風評やフェイクニュース、頑固な偏見や差別、誤った前提、軽信、非合理な迷信、疑似科学など、もろもろの好ましくない事象、つまりは、その信念を抱く本人は正義に適うと信じているけれども実際には他者に対して有害な事象、それをどう扱ったらよいのか、どのように防いでいくことができるのか、という実践的な関心がある。

第六節 ジェイムズの「信ずる意志」

たしかに、きちんとした証拠もなく、根拠を調べもせず、何かを正しいと思い込み、それにのっとって行為をして、そのことで他者だけでなく自分をも害してしまう、というのは道徳的に見て絶対に不適切であり、非難に値するといえるだろう。たとえば、何らかの病気（子宮頸がんなど）に対して有効な予防ワクチンが製造されて、それを摂取することでかなりの死亡を防げることが治験などを通じて判明しているとき（むろん、そうした判明が十分でないときは話が別であるが）、それの摂取にたまに伴う副反応と推定される症状に注目して、摂取を控えるよう活動する、などというケースは、医学的に判明している状況や、摂取を控えたときの摂取をした場合と比較しての有害性（死亡発生を放置する）などについての検討を怠った、すなわち根拠への誠実な目線を欠いた結果であり、それは「信念の倫理」的に言えば厳重な道徳的非難に値するのである。これは、根拠の検証を怠ったことだけでなく、一カ所のみに注目して完璧な安全性つまり「ゼロ・リスク」を求めるという、それ自体事実上不可能な、そしてそうした追求をする方々自身を精神衛生上苦境に陥らせてしまいうる要請であると言えるだろう。そういう意味でも、倫理的な正当化は到底できない。「信念の倫理」の説得性は、こういう場面では強力である。

念のため、もう一つ例を挙げておこう。NHKの報道によれば、二〇二三年に秋田県が「あきたこまちR」という新しい品種の米を開発したという発表に対して、その原料である「コシヒカリ」の種子に「イオンビーム」と呼ばれる放射線が一度照射されるということに注目する人々が現れ、「遺伝子が破壊され、異常なたんぱく質が生まれる」といった流言が発生したという事件が起こった。しかし、秋田県は、「あきたこまちR」そのものには放射線の照射は行われていないし、農作物の品質改良を行う際に放射線を照射して突然変異を起こさせることは一般的にある、と説明した(2)。この辺りも、放射線というものや農作物の品種改良についての知識習得を怠り、秋田県の米農家に対する有害な攻撃を（たぶんご本人たちは「あきたこまちR」を糾弾することが正義だと信じつつ）行ってしまったことになり、「信念の倫理」に従えば、道徳的非難に値する加害行為だということになるだろう。

けれども、しかし、クリフォードに従って、証拠に基づかない思いは、つねにいま触れたような非難に値する有害な事象だと言うべきなのだろうか。これに強い異論を投げかけたのが、アメリカの哲学者ウィリアム・ジェイムズであった。ジェイムズは「信ずる意志」（The Will to Believe）という、一読してきわめて衝撃的で奇妙な（講演に基づく）論文で、クリフォード批判を激烈に展開している。このジェイムズの議論それ自体、長大な検討を要し、その後のジェイムズのプラグマティズムの展開との連関についての検討も詳細に行うべき主題であることは間違いない。ここでは、しかし、その概要だけを簡単に紹介し、「信念の倫理」へのカウンターパートとなる発想を確認するに留めたい。

ジェイムズの主張の核心は「信ずる意志」というタイトルによってほぼ示唆されている。ジェイムズは、私たちは、真理を得ようと願い科学的・論理的に確証していったとしても、ピュロン主義者のような徹底した懐疑論者に「どうしてそんなことが分かるのか」(how we know all this) と問われたら、私たちの持つ論理では答えられない、と記す (James 1997: 49)。ジェイムズはこう述べている。

> たとえば、真理が存在するとか、私たちの心と真理は互いに作り作られる関係にあるとか、そうした真理そのものに対する信念は、欲求による熱烈な断言以外のなにものでもなく、そうした欲求に沿って私たちの社会システムは私たちを支えてくれているのではないか［……］私たちの論理は他の意志 (volition)〔ピュロン主義者の意志：一ノ瀬註〕に抵抗するまさしく一つの論理なのである。私たちは信頼や仮定を基にして生きていこうとしているのである。(James 1997: 49)

すなわち、私たちは真理や客観的事実というものについての正しい信念を努力すれば獲得できて確信に至れると思っているかもしれないが、実は、私たちの確信は私たちの非知性的な本性によって影響されているのであり、信念が得られる以前に、信念に先立つ感情的な働きがすでに固有の方向に向かっている (James 1997: 50)。何らかの意志的傾きがあって、それに基づいて何らかの信念が生い立ってくるのであり、知性の働きはむしろ感情や意志に依存している、とする驚くべき主張である。まさしく、「信ずる意志」というタイトルがその主張をよく表象している。

　さらにジェイムズは、さまざまな見解のなかのどれかを選択する際に、感情の影響力こそが不可避で合法的な決めてと見なされなければならないとまで言い及び (James 1997: 58)、私たちの人生には、

(2) https://www3.nhk.or.jp/news/html/20231225/k10014292221000.html

> ある種の真理への欲求が特定の真理の存在をもたらす。（James 1997：63）

場合が無数にあるとする。そしてジェイムズは、（まさしく彼の議論の本題だと思われる）宗教に言及し、

> もし宗教が真でありながらその証拠が不十分であるとしても、それに向かう私の本性（結局のところこれが相当な役割を果たしているように私には感じられる）に消火器の水が注がれて、私が勝利の側に到達する人生の唯一の機会を喪失させられてしまうこと、それを私は決して望まない。（James 1997：66）

と記す。感情や意志、そして宗教に向かう私たちの本性がむしろ真理に先行し、真なる信念、真なる宗教的信仰を生成させるのであり、よってクリフォードの「信念の倫理」はこの人間の信念形成の機微を見失い、あたかも確たる証拠が獲得可能であり、それにのみ基づいて信念形成が成されるべきだという誤った議論を展開している、とする批判である。そしてジェイムズは、自身の主張に親和する思想として、パスカルの『パンセ』の次の言を引用している（James 1997：60）。

> 心情は理性の知らない固有の理性を持つ。（Pascal 1972, no. 277, p. 135）[3]

私が思うに、ジェイムズが『パンセ』の中の言葉を自身の「信ずる意志」信念観と通底する発言として引用したいのならば、次の八六四節の言葉を引くのが一層よいのではなかろうか。

> 今日、真理は非常に漠然としているの対して、虚偽は確立しているので、人は真理を愛さない限り、それを知ることはないであろう。（Pascal 1972, no. 864, p. 412）

真理はそれを愛し、それを求める心情によって生成してくる、という思想を暗示する言葉である。このように、パスカルが「信念の倫理」と「信ずる意志」の論争になぜかときおり顔を出すのは興味深い現象であるが、いずれにせよ、繰り返せば、私たちの抱く信念は、ジェイムズによれば、私たちの意志や心情に由来するのであり、その延長線上に真理が生成するのであり、そうした真相に照らせば、信念は証拠に基づくべきだというクリフォードの議論は事実に反した虚妄だ、とされるのである。

第七節　二つの信念観

ジェイムズの「信ずる意志」の信念観に対しては、あまりに野放図に根拠のない信念を有することを正当化してしまい、哲学の議論として社会的に有害なのではないか、とする反論が寄せられてしまうのは避けられないだろう。カルト宗教によるさまざまな事件、たとえば、一九七八年南米のガイアナで起こった人民寺院という教団の集団自殺事件などを思い起こすならば、それを促すような宗教的信仰を正当化してしまうようなジェイムズの議論は、考えてみれば、恐怖感を抱かせるに十分な信念観かもしれない。

実際、クリフォードとジェイムズの議論を一冊にまとめて編集したバーガーは、ジェイムズの「信ずる意志」に対して激烈なほど批判的で、ジェイムズは信念と行為の区別を混同していると、まずそのように批判する。「ある事実への信仰はその事実を創造することの助けにはならない。事実を創造するのは行為である」(Burger 1997 : 85)。

(3) ただし、このパスカルの言がジェイムズの主張と調和するかどうかは定かではない。パスカルは、この発言の中で、心情による選択が「かたくなになること」(se durcir) に警告を発しているように読めるからである。

そして、こうした混同によって信仰したことがそのまま真理になってしまうとするかのような、危うい議論をジェイムズは展開していると、激烈に批判するのである。バーガーの危惧は次のような発言に明瞭に現れる。

証拠に基づかない信念を正当化できるものなど何もない。そんなことをしたら人間性に対する罪悪である。事柄をテストして、すべてに対して疑問を提起する能力を失うことは、野蛮状態に沈み込むことにほかならない。そうなったら、誰も真理を愛せなくなるのであり、証拠なしに何かを信じることほど真理に対して不注意になることは何もないだろう。（Burger 1997：98）

そうした危険性は、バーガーによれば、アメリカの政治や選挙の際に顕現する。

ほとんどの投票者は信念形成の様態としての信仰を抱いており、彼らは投票者が聞きたいと思っている見解を述べる人々、しかし公共の利益に合致しない見解を述べる人々を、必然的に選ぶことになってしまう。（Burger 1997：105）

けれども、反面において、ジェイムズの信念観は、私たちが日常的に宗教あるいは宗教的な証拠なしの信念をめぐって感じることがある安らぎや癒やしにはうまく適合するように思われる。神仏に祈ったところで何かが変わるとは確信はできないとしても、私たちは祈らざるをえないときもある。家族が遭難したとの報を受けたとき、なんとか無事なようにと祈る。祈らないよりも祈った方が事態が変わるかもしれないと、うっすらとした信念を抱きながら祈るのだろう（そう解さないと「祈る」ことの説明がつかない）。あるいは、何かの儀式中に虹が差したとき、吉兆だ、などと信じるのである。そうした信念が心を勇気づけたりするのである。バーガーのようなジェイムズ批判は理解はできるが、冷静に考えれば、「信ずる意志」信念観にも汲むべき点はたしかにある。

さらに言えば、実はクリフォードの「信念の倫理」信念観も、実は疑念の根を宿している。たしかにジェイムズが批判するように、「信念の倫理」が強調する「証拠」というのが、どのように真理を立証できるのかと問われれば、確固たる確信を提示するのは難しい。先に触れたワクチン接種の例でも、治験結果がワクチンの効果を確証する証拠としてどこまで正当かというのは、たとえ「ゼロ・リスク」思考に陥らずに冷静に考えても、なかなか答えにくい。しかしむろん、「信念の倫理」の議論においても統計や確率という考え方がこうした問題性には適用されるので、そこまで視野に入れて「証拠」の概念を捉えれば、この辺りの困難性は「信念の倫理」の理念においても解消できる。

しかし、問題の核心は、統計的手法を導入して、それを根拠にワクチンなどの効果を確率的に推定する場合も含めて、証拠によって何かを確証するという発想の根底に、ほぼ無自覚的な前提としてどっかと位置を占める「自然法則の不変性」あるいは「自然の秩序性」という考え方にある。いろいろな場面で私が何度も挙げている例だが、たとえば地球上でガラス板を堅い床の上に二メール上から落としたら割れる、という事実を「証拠」として、同様な堅い足場の条件がそろっていれば、二億年前でも二億年後でも、ガラス板を落としたら割れる、というように私たちは理解するのが通常だろう。しかし、そんな遠い過去や遠い未来についてなぜ実際の証拠もなしに（証拠を原理的に得られないのに）確言できるのだろうか。それは、自然の法則性が不変であると（たぶん無自覚的に）前提しているからだろう。では、なぜ自然の法則性が不変だと分かるのか。ここで問題が真の急所に突き当たる。私がいつも引用するホワイトヘッドの『科学と近代世界』での発言を改めて引用しよう（一ノ瀬 二〇二四：一一などを参照）。

理性への信仰は、事物の究極の本性とはすべて相まって調和をなすというところにあり、諸事象が単に恣意的に生じているという見方は排除されるべきだ、ということへの信頼である。それはつまり、事物の根底に単なる恣意的な神秘を見いだすことはないという信仰である。自然科学の勃興を可能にした、自然の秩序への信仰（the faith in the order of nature）は、一段と深い信仰の特殊な例である。この信仰は、帰納的な一般化によっては正当化することはできない。（Whitehead 1985：23）

なんのことはない、クリフォード流の証拠主義は、ジェイムズ流の「信ずる意志」信念観の対極にあると一見思われるとしても、実は根底において宗教的信仰と同じ構造に基づく信念観であったのである。

ただ、そうは言っても、たとえば、奇跡的な現象（儀式中に虹が現れる）に遭遇して、それを神のご加護の証拠として神の存在を信じる場合と、これまでの経験や知覚を証拠として外界の存在を信じる場合とで、たしかにそこに広義の宗教的信仰と呼ぶべき信念様態を理論的には同様に見取ることができるけれども、両方の場合がまったく同等であると言い抜けられるとすることには、やはり違和感を禁じ得ないだろう。この点、クリフォードとジェイムズの論争について公平な視点から分析を展開したマコーミックは次のように述べている。「私は、何らかの証拠が外界の対象の存在への信念を支持すると主張するのではなく、その信念を損なうような証拠にはならないと主張する」（McCormick 2016：64）。逆に言えば、奇跡的現象は、少なくとも現状の科学的視点からすれば、神の仕業とする以外の説明が十分に可能なので、考え方によっては、そうした現象は神の存在の信念を損ないうる、という含意であろう。いずれにせよ、二つの信念観を調停して、落とし所を探るのは容易ではない。

第八節　宇宙視線と人生視線、そして浮動的安定

どのように整理すべきだろうか。私の考えでは、二つの信念観がまったく別個で独立の見解であると捉え返すこ

とは実は無理で、互いに重なり合いつつも、何らかの傾きの違いがあり、それが対立の様相を産み出している、とするのが適切な着地点ではないかと踏んでいる。そしてそれは、二つの信念観の比較や調停という文脈を超えて、信念とは何か、どうあるべきか、という一般的な哲学的問いへの解明にもつながると考える。

こうした方針を言語化するため、私は、さまざまなところで提起してきた、「宇宙視線」（viewpoint from space）と「人生視線」（viewpoint from life）という対比を適用したい。宇宙視線とは、宇宙誕生後一三八億年といった宇宙的な規模を基準にして、自然の法則性を見出す際の証拠やデータの小ささ、つまりは不当性を浮き立たせたり、地球誕生後四六億年というような基準から人類の歴史の短さを表象化させ、私たちが知りえている、あるいは知っていると思われている認識的内容が厳密にはほとんど確実性を有さないものであること、言い方を換えれば、確実性を持って言える認識的内容というのは人間の知性の限界を超えたものであること、そうした事情をあぶり出すようなものの見方のことである。ほとんどの形而上学的問いや、ウィトゲンシュタインの名とともに有名な「規則のパラドックス」などにまつわる議論は、この宇宙視線に親近的な主題であろう。

これに対して、「人生視線」とは、私たちの日常生活に目線を置く立場のことで、自然科学的な知見に対して私たちが日常的に抱く信頼感などをそのまま受けとめ、たとえば、交通機関について、宇宙視線的には安全性の保証があるとは到底言えないにもかかわらず、その合法性を認めたり、ワクチンについてなども、統計的データを重く受けとめ合法化したりする目線のことである。ようするに、私たちの日常的な世界への態度のありよう、それが人生視線である。そして加えて、さまざまな倫理的主題は、多くは私たちの生き死にが関わり、短期的な快適さが関わるので、宇宙視線ではなく、この人生視線で語られるのが筋である。子どもへの虐待が、宇宙視線的に見ればもしかしたら人類保存に思いも掛けない仕方で何らかの有効性があるかもしれないなどという思考が語られる可能性があるとしても、まったくそうしたことは考慮せず、ただいまこのときの子どもたちの心情に目線を注ぎ、対策を考える、これが人生視線である。認識論的問いや、倫理的議論が、この人生視線とぴったり適合する。

私の立場としては、基本的に人生視線にのっとりつつ、心底に宇宙視線的な視野をかすかに沈殿させておくこと、そうした生活態度をベストだと考えている。こうした生活態度のもとでは、厳密には、確定した知識も、確定した倫理的判断基準もないというかすかな理解が根底に横たわっているので、さまざまなものが変容していく可能性が見越されているし、考慮されている。そうした変わりゆく事態のなかで、そうした変容可能な現実をそのまま受け入れて安らおうという観点、それを私は「浮動的安定」(drifting stability)と呼んで、この世界で安寧な(ウェルビーイングな)日々を送るための鍵なのではないかと論じてきた。

そうした観点からクリフォードとジェイムズによる二つの信念観を眺め返してみるならば、クリフォードの証拠主義が人生視線に深く寄り添った議論展開であることは明白である。それに対して、ジェイムズの「信ずる意志」信念観は、証拠主義を断罪し、宗教とりわけキリスト教に深く傾倒した議論で、永遠性に容易にコミットする方向に行くという点で宇宙視線に傾斜した信念観であると言えるだろう。けれども、ジェイムズの議論は同時に、私たちの日常において宗教的信仰が心の安らぎや癒しを産み出すことがあるという点から顧みると、人生視線的なフレイバーも伴っていることが窺われる。ただし、現今の科学的認識に沿うという意味での人生視線とは異なる。では、クリフォードの「信念の倫理」信念観においては、宇宙視線的な要素は見出されるのだろうか。

第九節　「信念の倫理」の展開

実のところ、クリフォードの「潔癖主義」の根底には、信念というもののクリフォード独特の捉え方がある。実際は何も被害は発生しなかったとしても、不十分な証拠に基づく信念は道徳的に非難されるべきだとするクリフォードの議論に対して、必ずや突きつけられるであろう疑問は、船主の例などにおいて道徳的に非難されるべきなのは信念ではなくて、信念に従って行った「行為」（すなわち、航海に不向きな移民船を出帆させた行為）なのではないか、というものであろう。こうした想定される疑問に対して、クリフォードはきわめて明快な解答を与える。

信念をそれが示唆する行為から切り離すことはできないし、一方を非難することなしに他方を非難することもできない。問題の一方の側に基づいて強固な信念を抱いている人、あるいは一方の側に基づいて信念を抱こうと望んでいるだけの人であっても、そうした人々は、本当に疑問を抱いて公平無私な状態であるように、公正さと完全さでもって事態を探究することは金輪際できないのである。こうして、公正な探求に基づかない信念が存在することで、人々は、［公正に探究するという］必要な義務を実行するのに不適になってしまうのである。（Clifford 1999 : 73）

信念と行為は不可分だと、クリフォードは主張している。では、どういう意味で信念と行為は結びついているのだろうか。信念はいつでも何らかの行為を引き起こすのであって、行為を引き起こさない信念はない、ということなのだろうか。それとも、信念それ自体が一種の行為であると捉えるというのだろうか。クリフォードの議論をもう少し追っていこう。クリフォードは、このように論じ進める。

信念を抱く人の行為にいかなる影響も及ぼさないようなものは、真には信念と言えるような代物ではない。行為へと強く促すことを真に信じる者は、それを切望する行為をすでに眺めているのであり、心の中ですでにその行為に関わっているのである。かりにそうした行為が公開の振る舞いとして実現されないとしても、未来を指導する要素として蓄積されていくのである。そうした信念は、私たちの全生涯のすべての瞬間において感覚と行為を結合させる信念の集積の部分をなしていくのであり、巧妙に組織化され簡約化されているのでいかなる部分といえども他の部分から切り離されることはなく、ただ、新しい追加の信念が加わっていくことで、全体の構造が修正されていくだけなのである。真実なる信念というのは、どんなに取るに足らなく断片的なものに見えようとも、まったくもって無意義などということは決してない［……］真実なる信念は、私たちの内奥の思考のなかに連続体を知らず知らずのうちに徐々になしてゆくのであり、そしてそれはいつの日か公然とした行為へと激しくあふれ出し、私たちの性格に永遠に刻印を押していくのである。（Clifford 1999：73）

なんという激烈な議論であろうか。一つの信念を抱くことが、永遠にその人物の性格の構成要素になっていくというのである。さしたる確認もせず、道路には危険な点はないと考えて、一瞬よそ見をした自分は、もはや道徳的非難を免れえない悪人だと、そのように断じているも同然の激しい議論である。いずれにせよ、このクリフォードの議論からは、信念は、いつ公然とした行為になるかは別にして、かならず行為に結びつくということ、そういう意味で行為と切り離せないと考えていること、このことが浮かび上がる。

では、こうした考え方は、先にクリフォードの議論があぶり出していると私が論じた「過失犯の未遂」の問題とどう関わると言えるだろうか。常識的な故意・過失のレベルで考えれば、クリフォードは、信念を抱いても行為の顕現化にすぐに結びつかないことがあることを認めつつ、信念は行為の一部を成すと捉えていると解釈されうるので、「過失犯の未遂」という事態を有意味になりうるものとして承認していると言ってよいと思われる。けれども、クリフォードの議論を彼自身の含意に沿って解釈するならば、信念は、いつそうなるのかは別にして、かならず行為として顕在化すると述べていると捉えられる。だとすれば、逆に「過失犯の未遂」という概念は不可能なのであって、過失、すなわち危険性やリスクに対する不注意な思い込みは、絶対に未遂に終わることはなく、かならずや行為となって現れる、未遂などということはありえない、と論じていると理解されうるだろう。とはいえ、ただし、そうした場合の行為は、信念に字義通りに対応した行為なわけではなく、信念主の性格に沈殿して、信念主の行為に反映されていく、という文脈での行為である点は注意しなければならない。それゆえ、クリフォードの例に沿って言えば、不十分な証拠によって移民船の安全性に関する肯定的な信念を抱いたときに、たまたま運良く何も事故が起こらず、安全に航海が終了した、という場合、それでも不十分な信念は道徳的非難に値するというならば、私たちの日常的な言葉遣いを前提する限り、クリフォードはやはり「過失犯の未遂」という非難形態を承認していたと考えられる。

こうした、クリフォードの議論に宿る一種のゆらぎは、彼の「信念の倫理」を理解するに当たって決定的に重大だと私は考えている。たった一度でも不十分な証拠に基づく信念を抱いてしまった者は罪人であり続けると、クリフォードが示唆している点は先の引用部分で触れた。実際、この厳粛すぎる論調はクリフォードの「信念の倫理」の大きな特徴である。一度発生した悪事は、なにをしても取り返せず、弁明できず、そのまま悪事として残り続ける。クリフォードは、こう確言している。

悪い行為は、後で何が起ころうとも、それをなされてしまった時点でつねに悪なのである。(Clifford 1999：76)

これは明らかに常識外れである。弁明、謝罪、情状酌量、贖罪、反省。こうした一連の概念が無意義になりかねない。おそらく、ここで問題とすべきは「つねに」(always)、あるいは先に引用した部分で言えば「永遠に」(forever) という文言の意義ではなかろうか。

これは、その信念主の全生涯に渡って、という意味なのだろうか。それとも、もしかして文字通り、信念主の死後も含めて「永遠に」ということなのだろうか。だとしたら、それは途方もない考え方だと言えるだろう。しかし、こうした考え方は、死後には人間も含めたすべての生物は消滅する、ということを前提しているとき、途方もない、と言えるわけだが、そうではなく、私たちは死後もかすかな仕方で存在し続けるというオントロジーを採用したならば、話は違ってくるだろう。悪は永遠に悪として、かすかな仕方だが永遠に存在し続ける信念主に帰属され続ける、という思想である。これは、どう考えても私たちの日常的了解・日常的実践を超越している。けれども、理念的には否定はできない。

第一〇節　「両立思考」への道

お分かりかと思うが、こうしたクリフォードの思考の方向性は、まっすぐに私の言う宇宙視線を志向している。クリフォードの「信念の倫理」は濃密に人生視線的な「証拠主義」の文脈で展開されていたのだが、その背景には、彼特有の宇宙視線的な倫理観、すなわち、悪は永遠に悪として刻まれ続ける、という絶対主義的・厳格主義的倫理観があったのである。これが宇宙視線的であることは、先に触れた、自然法則の不変性という隠れた前提そのものが宗教的信仰に肉薄するもので、それと同様な仕方で悪の永遠性を証拠なしに導入するという意味で宇宙視線的であるという点もあるが、それ以外に、なにやら死者のオントロジカルな位相を導入しようとしている形而上学的傾きからも確証できる。すなわち、実は、クリフォードの悪に関する議論のこうした側面は、彼自身のテーゼに反して、なんの証拠もない、根拠なき主張にほかならない。悪は贖罪されうる、という別の倫理観も十分に可能なはずであり、クリフォードの厳格主義はかならずしも十分な正当性を有しないのである。いわば、本人の意には沿わないかもしれないが、ここにはジェイムズ流の「信ずる意志」が働いていると評するしかない(4)。

このような事態を受けて、私たちは二つの信念観についてどう向きあうべきだろうか。私には、どちらかが正しいとする二者択一は馴染まないと思われる。ともに宇宙視線と人生視線のハイブリッドを成していて、そういう点では共通な特性を持っているからである。では、ともに欠陥を有する不十分な信念観なので、どちらも廃棄して別な信念観を探究すべきだろうか。[5]それもありうるが、ここで私は、一つの道筋として、別著でも触れた考えだが、ウェンディ・スミスとマリアンヌ・ルイスの「両立思考」(Both/And Thinking) という考え方に沿いたい（一ノ瀬 二〇二四：二一一—二一二）。すなわち、相異なる立場や見方が複数ある場合に、どれか一つの見解に全体を収束させるのではなく、複数の異なる見解があるという現実をそのまま受けとめて、そのまま事態を進めていく、というポジティブ心理学やリーダーシップ論からの提案である。スミスとルイスは、異なる見解が対立している状態を「ジレンマ」と呼んで、こう述べている。

ジレンマについて違った仕方で考えてみたらどうだろうか。相互に排反的な選択肢の中から選択しようとする代わりに、ジレンマの底に潜在するパラドックスを表面化させることから始めて、そうしたパラドックスは解決できないということを受けとめて (recognize) みたらどうだろうか。パラドックスの二者択一の両極から選択する代わりに、別な問いを立ててみたらどうだろうか。すなわち、二つの両極をどうやったら同時に抱え続

(4) クリフォードの「信念の倫理」には、ここで検討した部分の後に、「確率」や「他者の証言」、そして「信念の成長」と解すべきテーマについての、まことに興味深い議論が展開されているが、その点については一ノ瀬（二〇二一）を参照してほしい。

(5) 別な信念観の一つの可能的候補として、ティモシー・ウィリアムソンの「知識第一主義」(knowledge first theory) があるかもしれない。すなわち、証拠と関わる信念があって、そこから知識が生い育つという、私たちにとって強固に埋め込まれた認識構図をいわば逆手にとって、最初に知識が生成して、そこから反対向きに信念が個体化されていくのだ、という発想である。私はこれを「コロンブスの卵」になぞらえたことがある（一ノ瀬 二〇二四：一〇九）。ただ、この発想を詳しく検証し、その帰趨を見定めるにはさらに長大な検討を要する。ここでは、指摘するに留めておく。

けることができるだろうか、どうしたら競合する要求を適応させ続けることができるだろうか、と問うのである。このように考えると、私たちは両立思考へと誘われ、緊張状態を受け入れて（embrace）、より創造的で、効果的で、持続可能な解決が可能になる。（Smith & Lewis 2022：8）

もちろん、こうした思考法を実際に遂行するのは、安定した一つの見解を持ちたいと思う人間本性に反しているところがあり、非常に困難であろう。しかし、スミス・ルイスは、ポジティブ心理学の手法を利用したさまざまな「両立思考」の実践法を提起している。その辺りは非常に具体的な技術論となり、哲学の手を離れてしまうので、私自身はここでは深入りしない。

いずれにせよ、「信念の倫理」と「信ずる意志」という、同様に宇宙視線と人生視線の混合的議論だとしても、微妙に強調点を異にする二つの信念観について、私は「両立思考」にのっとった調停を試みることが理に適っているのではないかと踏んでいる。その際、先に述べたように、「基本的に人生視線にのっとりつつ、心底に宇宙視線的な視野をかすかに沈殿させておくこと」、これを基本線としたい。科学的・統計的知見をまずは尊重する、しかし同時に、そうした知見の不確実性の理解をかすかに沈殿させ、他者をどの程度害するかについての考慮のもとで、証拠なしの信念や宗教的信仰を受容する余地を残す。自分の見解が正しいと確信しているとしても、決して独善に陥らず、根底において、他の見方の提起可能性がある「かもしれない」、という思いを備えておくこと、そしてその状態にむしろ安らってしまうこと。「浮動的安定」である。これが、この二つの信念観を検討することで浮かび上がる受容可能な態度なのではないだろうか。

最後にまた、なぜかこうした論争の通奏低音のごとき様相を帯びている、パスカル『パンセ』の言葉を引用して、筆を擱きたい。

すべての人々は、それぞれ一つの真理を追求すればするほど、一層危うい誤りに陥る。彼らの誤謬は一つの誤りを追求することにあるのではなく、むしろもう一つの真理を追求しないことにある。（Pascal 1972, no. 863, p. 412）

＊本論文は、一ノ瀬（二〇二一）と一ノ瀬（二〇二二）の一部を転載した上で、それに加筆して、議論を新たに展開したものである。転載を許可していただいた武蔵野大学教養教育リサーチセンターおよび武蔵野大学人間科学研究所に感謝申し上げます。

文献表

Burger, A. J.（1997）“An Examination of ‘The Will to Believe’,” *The Ethics of Belief*, A. J. Burger（ed.）, CreateSpace Independent Publishing Platform, USA：71–112.

Clifford, W. K.（1999）*The Ethics of Belief*, Introduction by T. M. Madigan, Buffalo：New York：Prometheus Book.

Descartes, R.（1978）*Meditationes de Prima Philosophia Méditations Métaphysiques*, Introduction et Notes par G. Rodis-Léwis, Paris：Vrin（「省察」井上庄七・森啓訳、野田又夫責任編集『世界の名著二七　デカルト』所収、中央公論社、一九七八年、二二三—三〇七頁）.

Gillum, R. F., King, D. E., Obisesan, T. O., and Koenig, H. G.（2008）“Frequency of Attendance of Religious Services and Mortality in a U.S. National Cohort,” *Annals of Epidemiology* 18（2）：124–129.

Hume, D.（1976）*The Natural History of Religion and Dialogues concerning Natural Religion*, Oxford：Clarendon Press（『自然宗教をめぐる対話』犬塚元訳、岩波書店［岩波文庫］、二〇二〇年）.

James, W.（1997）“The Will to Believe,” *The Ethics of Belief*, A. J. Burger（ed.）：41–70（『信ずる意志』福鎌達夫訳、日本教文社、二〇一五年、三一—四三頁）.

Locke, J.（1975）*An Essay concerning Human Understanding*, P. H. Nidditch（ed.）, Oxford：Clarendon Press（『人間知性論』大槻春彦訳、岩波書店［岩波文庫］（一）〜（四）、一九七二—一九七七年）.

McCormick, M. S.（2016）*Believing Against the Evidence：Agency and the Ethics of Belief*, New York & London：Routledge.

McCullough, M. E., Hoyt, W. T., Larson, D. B., Koenig, H. G., & Thoresen, C.（2000）“Religious involvement and mortality：A meta-

analytic review," *Health Psychology, 19* (3), 211–222.
Murphy, M. (2019) "The Natural Law Tradition in Ethics," *The Stanford Encyclopedia of Philosophy,* E N. Zalta (ed.). https://plato.stanford.edu/archives/sum2019/entries/natural-law-ethics.
Pascal, B. (1972) *Pensées,* Preface et introduction de Léon Brunschicg. Paris：Le Livre Poche（「パンセ」前田陽一・由木康訳、『世界の名著』二四・パスカル』所収、中央公論社、一九六六年）.
Smith, W. K. & Lewis, M.W. (2022) *Both/And Thinking：Embracing Creative Tensions to Solve Toughest Problems,* Brighton：Massachusetts：Harvard Business Review Press（『両立思考』関口倫紀・落合文四郎・中村俊介・二木夢子訳、日本能率協会マネジメントセンター、二〇二三年）.
Whitehead, A. N. (1985) (originally 1926) *Science and the Modern World,* London：Free Association Books（『科学と近代世界』上田泰治・村上至孝訳、ホワイトヘッド著作集六、松籟社、一九八一年）.
Williamson, T. (2007) *The Philosophy of Philosophy,* Oxford：Blackwell Publishing.
一ノ瀬正樹（二〇二一）「『信念の倫理』研究序説」『武蔵野大学教養教育リサーチセンター紀要 The Basis』第一一号、武蔵野大学教養教育リサーチセンター、二九―四六頁。
――――（二〇二二）「『信念の倫理』と非難相当性の問題――『信念の倫理』研究序説（2）」『武蔵野大学人間科学研究所年報』第一一号、武蔵野大学人間科学研究所、二一―三八頁。
――――（二〇二四）『ためらいと決断の哲学――ゆらぎゆく因果と倫理――』青土社。
ウェイド、N.（二〇一一）『宗教を生みだす本能――進化論からみたヒトと信仰――』依田卓巳訳、NTT出版。
近江吉明（二〇一〇）「フランス革命初期のジャクリーと暴力――パス・ノルマンディー，現オルヌ県の場合――」『専修人文論集』八六、一―二七。
小林利行（二〇一九）「日本人の宗教的意識や行動はどう変わったか――ISSP国際比較調査「宗教」・日本の結果から――」『放送研究と調査』二〇一九年四月号、五二―七二頁。
杉岡良彦（二〇〇九）「宗教の健康影響と医学的説明――宗教と医学の対話のために――」『宗教と倫理』第九号、四九―六三頁。
中野信子（二〇一一）『脳科学からみた「祈り」』潮出版社。
鳴子博子（二〇一八）「フランス革命における暴力とジェンダー――バスチーユ攻撃とヴェルサイユ行進を中心に――」『中央大学経済研究所年報』第五〇号、三八五―四〇五。

森島豊（二〇二〇）『抵抗権と人権の思想史——欧米型と天皇型の攻防——』教文館。

（一ノ瀬正樹）

あとがき

本書は、二〇二〇年度から始まった科研費の研究課題「スコットランド常識学派からプラグマティズムへ――英米思想における常識哲学の研究」（基盤研究（B）二〇二〇年四月―二〇二五年三月、課題番号 20H01181・23K20064）の研究成果である。私事であるが、初年度がコロナ禍で始まったことに加え、着任したばかりの中央大学での慣れない状況が重なったため、当初は戸惑うところが大きく、研究を進めにくかった。しかし、そうこうしていた内に、あっという間に五年が過ぎようとしている。本書により、研究成果を形にすることができて幸いに思っている。

本研究課題は、二〇一三年度から始まったスコットランド啓蒙の常識哲学（コモン・センス哲学）に着目したプロジェクト（「イギリス思想における常識と啓蒙の系譜とその現代的意義についての研究」基盤研究（C）二〇一三年四月―二〇一六年三月、課題番号 25370029）と、二〇一六年度からのプロジェクト（「一八世紀から二〇世紀にかけての英語圏を中心とした常識概念の思想史的、哲学的検討」基盤研究（C）二〇一六年四月―二〇二〇年三月、課題番号 16K02218）に続くものであった。二〇二〇年二月に、晃洋書房から『「常識」によって新たな世界は切り拓けるか――コモン・センスの哲学と思想史』が研究成果として出版されたが、本書はいわばこの前書の続編にあたるものであり、スコットランドの常識哲学からアメリカのプラグマティズムへと視座を広げたものである。このプロジェクトを始めてから一二年という長い月日が経過しようとしていることにもあらためて驚いている。本書出版により、二〇一三年度から続けてきたプロジェクトに一区切りつけることになったが、課題が様々に浮き彫りになって積み残った。今後の糧としたい。

最後になったが、前書に続き編集の労をとって下さり、細やかにお心を配って下さった晃洋書房の山本博子氏と、本プロジェクトに関った全ての方々に、この場を借りて心より御礼申し上げる。

二〇二四年一〇月

青木裕子

人名索引

〈マ　行〉

〈ヤ・ラ行〉

事項索引

〈ハ　行〉

〈マ　行〉

〈ヤ　行〉

〈ラ　行〉

石川敬史（いしかわ　たかふみ）［第六章］
帝京大学文学部史学科教授．博士（法学）．北海道大学大学院法学研究科法学政治学専攻博士課程単位取得退学（2004年）．主要業績：『アメリカ連邦政府の思想的基礎――ジョン・アダムズの中央政府論』（渓水社，2008年），「アメリカ独立革命史研究における帝国論」『思想』（岩波書店，2024年），「アメリカ革命期における主権の不可視性」（『年報政治学2019―Ⅰ』筑摩書房，2019年），「ジョン・アダムズの混合政体論における近世と近代」（『アメリカ研究』53号，国際文献社，2019年）他．

乗立雄輝（のりたて　ゆうき）［第七章］
東京大学大学院人文社会系研究科准教授．修士（文学）．東京大学大学院人文社会系研究科基礎文化研究専攻博士課程中途退学（1996年）．主な論文など：「根拠なく受け入れねばならない事実について」（哲学会編『哲学雑誌　レヴィナス――ヘブライズムとヘレニズム――』第121巻第793号，有斐閣，2006年），「世界はなぜ，このように存在しているのか――不確定性の形而上学」（講談社選書出版部編『RATIO　3』講談社，2007年），「オッカムからヒュームへ」（神崎繁・熊野純彦・鈴木泉編『西洋哲学史Ⅳ「哲学の現代」への回り道』講談社，2012年），『新しく学ぶ西洋哲学史』（共著，ミネルヴァ書房，2022年）．

一ノ瀬正樹（いちのせ　まさき）［第八章］
武蔵野大学ウェルビーイング学部教授・東京大学名誉教授・オックスフォード大学名誉フェロウ．博士（文学）．東京大学大学院人文科学研究科博士課程満期退学（1988年）．和辻哲郎文化賞および中村元賞を受賞．主な業績：『人格知識論の生成』（東京大学出版会，1997年），『原因と理由の迷宮』（勁草書房，2006年），『確率と曖昧性の哲学』（岩波書店，2011年），『英米哲学史講義』（筑摩書房［ちくま学芸文庫］，2016年），『死の所有　増補新装版』（東京大学出版会，2019年），『いのちとリスクの哲学』（ミュー，2021年），『ためらいと決断の哲学』（青土社，2024年），“The Death Penalty Debate：Four Problems and New Philosophical Perspectives”（*Journal of Practical Ethics Vol 5, Issue 1*, June 2017），“Normativity, probability, and meta-vagueness”（*Synthese*, Springer, vol. 194, No. 10, October 2017）他．

《著者紹介》（執筆順，＊は編著者）

＊大谷　弘（おおたに　ひろし）［序章・第四章］
東京女子大学現代教養学部教授．博士（文学）．東京大学大学院人文社会系研究科基礎文化研究専攻博士課程満期退学（2007年）．主な著書：『ウィトゲンシュタイン　明確化の哲学』（青土社，2020年），『「常識」によって新たな世界は切り拓けるか――コモン・センスの哲学と思想史』（青木裕子との共編著，晃洋書房，2020年），『道徳的に考えるとはどういうことか』（筑摩書房［ちくま新書］，2023年）他．

菅谷　基（すがや　もとい）［第一章］
武蔵大学非常勤講師．国際基督教大学大学院アーツ・サイエンス研究科博士後期課程．修士（比較文化）．国際基督教大学大学院アーツ・サイエンス研究科博士前期課程比較文化専攻修了（2018年）．主要業績：「シャフツベリの「センスス・コムニス」受容とその古典学的背景」（『イギリス哲学研究』46，2023年），『美徳あるいは美点についての研究』（第三代シャフツベリ伯爵著，翻訳，菅谷出版，2024年），『婦人たちへの真剣な提案』（メアリ・アステル著，翻訳，菅谷出版，2024年）．

野村智清（のむら　ともきよ）［第二章］
秀明大学学校教師学部准教授．博士（文学）．東京大学大学院人文社会系研究科基礎文化研究専攻博士課程単位取得退学（2015年）．主な著訳書：「絵画化された認識論に抗して」（『因果・動物・所有　一ノ瀬哲学をめぐる対話（武蔵野大学シリーズ13）』，武蔵野大学出版会，2020年），「宗教的信仰の一形態である陰謀論を来るべき教育に向けて無毒化する」（『見えない世界を可視化する「哲学地図」：「ポスト真実」時代を読み解く10章』，学芸みらい社，2021年），「限りなく人に似た機械と井上円了という可能性」（『国際哲学研究』11号，東洋大学国際哲学研究センター，2022年）．

小畑敦嗣（こはた　あつし）［第三章］
国際基督教大学キリスト教と文化研究所研究員．博士（学術）．国際基督教大学大学院アーツ・サイエンス研究科博士後期課程修了（2021年）．主要業績：「トマス・リードにおける活動力，自己統御，道徳的行為者性」（『倫理学年報』73号，2024年）他．

＊青木裕子（あおき　ひろこ）［第五章］
中央大学法学部教授．博士（学術）．国際基督教大学大学院行政学研究科博士課程修了（2004年）．主な著訳書：『アダム・ファーガスンの国家と市民社会』（勁草書房，2010年），*Adam Ferguson and the American Revolution* (Co-edited with Yasuo Amoh and Darren Lingley, Kyokuto Shoten（極東書店，2015），『政治概念の歴史的展開　第七巻』（共著，晃洋書房，2015年），『市民社会史論』（アダム・ファーガスン著，天羽康夫との共訳，京都大学学術出版会，2018年），『「常識」によって新たな世界は切り拓けるか』（大谷弘との共編著，晃洋書房，2020年），「ジャンバッティスタ・ヴィーコにおける雄弁術とセンスス・コムニス概念――共同体の道徳的規範としてのコモン・センスとその文明社会論的意義――」（『法学新報』（中央大学）129巻 3－4 号，2022年）．

スコットランド常識学派からプラグマティズムへ
——英米思想史と哲学史の再構築——

2025年2月20日　初版第1刷発行　　＊定価はカバーに表示してあります

編著者　青木裕子　大谷弘

発行者　萩原淳平
印刷者　藤森英夫

発行所　株式会社　晃洋書房
〒615-0026　京都市右京区西院北矢掛町7番地
電話　075(312)0788番(代)
振替口座　01040-6-32280

装丁　尾崎閑也　　印刷・製本　亜細亜印刷㈱

ISBN978-4-7710-3915-5